目次

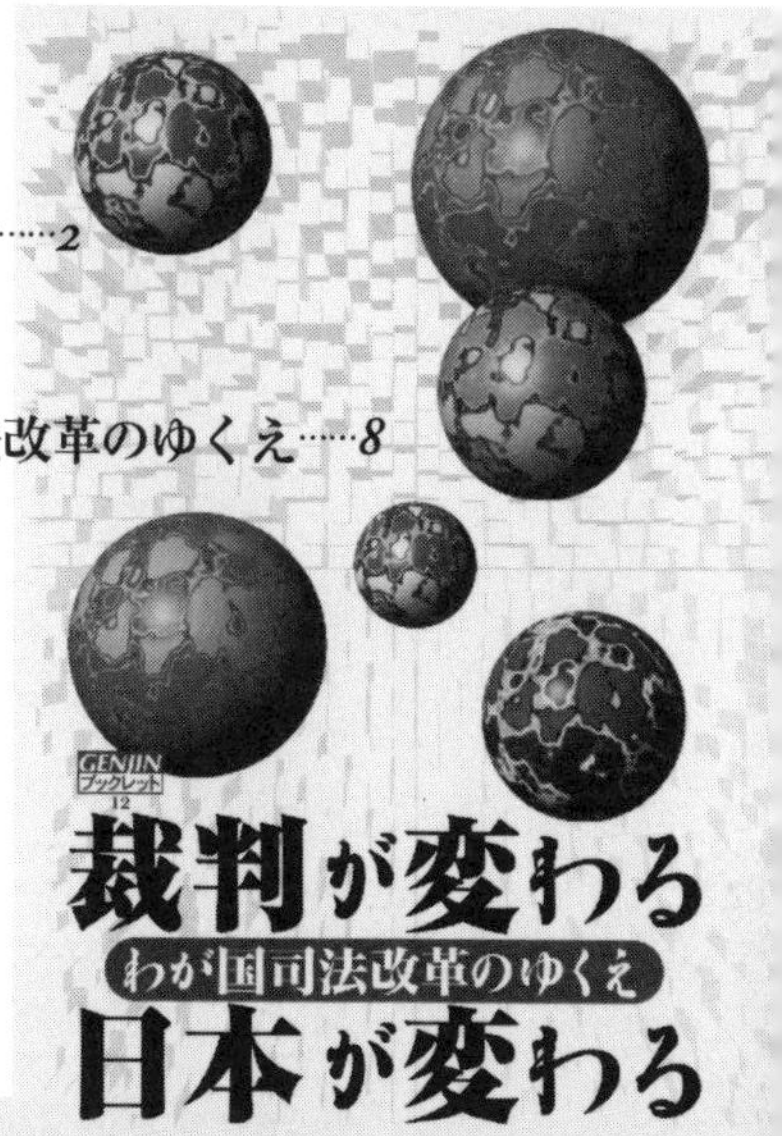

GENJIN ブックレット 12
裁判が変わる
わが国司法改革のゆくえ
日本が変わる

司法改革・東京ミーティング
『裁判が変わる・日本が変わる～わが国司法改革のゆくえ』
主催　日本弁護士連合会・東京弁護士会・第一東京弁護士会・第二東京弁護士会
JN297996

国民の利用しやすい司法改革を

小堀　樹
日本弁護士連合会会長

ご紹介いただきました日本弁護士連合会の会長を務めております小堀でございます。本日は、日本弁護士連合会ならびに東京の三弁護士会が開催した「司法改革・東京ミーティング」に、後援諸団体や大学、マスメディアの関係の方々はもとより、かようにたくさんの市民の皆さま方にご参加をいただきまして、この会場も超満員の状況になりました。本当にありがとうございます。主催者を代表して心からお礼を申し上げます。

＊

ご承知のとおり、昨年七月に内閣に司法制度改革審議会が設置されました。一二月にはこの審議会で議論すべき論点の整理が行われ、今年から本格的な討議が始められております。三月には大阪を手始めに、地方公聴会が開催されて、この秋には、審議会の中間報告が出され、来年の七月には内閣に対して最終報告書が提出される予定とうかがっております。

改めて申し上げるまでもないことですが、このたびの司法制度改革は、明治維新の際の近代法制度の整備、さらには終戦後の日本国憲法の制定に伴う法制の改革に匹敵するような司法全般にわたる抜本的大改革を目指すものだと考えます。司法制度改革審議会は、二一世紀における司法の役割を明らかにし、その発表された論点整理によれば、「近代の幕開け以来、一三〇年にわたってこの国が背負い続けてきた課題、すなわち、一国の法がこの国の血肉と化し、『この国のかたち』となるために、一体何をなさなければならないのか、この根本的な課題を直視し、それに取り組むことなく、二一世紀社会の展望を開くことが困難である」という基本認識が、その背景をなすものであると考えております。

日本弁護士連合会は、一九九〇年から三度にわたって司法改革宣言を行いました。そして、当番弁護士による被疑者弁護、法律相談の全国展開、あるいは法律扶助改革など、身近で市民のために自らなし得る司法改革運動に積極的に取り組んでまいりました。また、二一世紀に向けて開かれた司法を実現するためには、国民の司法参加がぜひとも必要であります。その意味で、社会経験を積んだ弁護士などから裁判官を選ぶいわゆる法曹一元、あるいは市民が事実の認定に直接加わる陪審や、あるいは裁判官とともに審理に加わる参審など、二一世紀の新しい社会のシステムづくりのために、いずれも実現されるべき課題だと考えております。

他方、私たち弁護士や弁護士会は、今後利用しやすい、しかも市民の人権保障が行き届くような司法に変えていかなければなりません。そのために、まず国民が求める弁護士の数と質を確保するとともに、弁護士の業務について、これに伴う多くの自己改革を行う必要があると考えて、その実行に着手しているところであります。これら、日本弁護士連合会の目指す「市民による司法」、「市民のための司法」の詳細は、「司法改革実現に向けての基本的提言」をご覧いただいてご理解いただければたいへん幸いです。

＊

本日の東京ミーティングは、「裁判が変わる　日本が変わる～わが国司法改革のゆくえ～」というテーマを設定させていただきました。裁判が象徴する司法制度が改革されることで、明るく公正で個人の尊厳を一層尊重される社会の実現に向けて日本の国の姿も変わっていくべきだという期待と念願を込めているものです。本日の東京ミーティングで、各界の皆さまから忌憚のないご意見をお伺いすることができ、司法改革に対する国民の世論がいっそう盛り上がることを心から期待しております。

最後になりましたが、ご多忙ななか、このミーティングにご参加くださったパネリストの皆さま方に改めてお礼を申し上げるとともに、ご後援をいただいた東京都をはじめ、各団体の皆さま方に、主催者を代表して重ねてお礼を申し上げて、簡単ですが、開会のご挨拶とさせていただきます。

（こぼり・しげる）

いま、なぜ司法改革か

中坊公平
司法制度改革審議会委員

ご紹介いただきました中坊でございます。本日は「司法改革・東京ミーティング」に多数の市民の方々がご参集くださいまして、本当にありがとうございます。また、たいへんご多忙ななか、多数のパネリストの方々にご参加いただきました。この点も本当に心からお礼を申し上げたいと思います。

私は司法制度改革審議会の委員として、審議会に関する若干の所見を申しあげ、ご挨拶に代えたいと思います。四点ほど申し上げたいと思います。

●司法は依然として市民からは縁遠いもの

まずいちばん最初に、司法制度改革審議会はどのようないきさつで生まれてきたのかという問題です。率直に申し上げて、市民の司法改革の立場だけから生まれてきたものではありません。日弁連は、私が会長を務めていた一九九〇年から市民のための司法改革運動を続けてきましたが、やはり司法は依然として市民からは縁遠いものになっています。基本的には、日本国を動かしてきた政・官・財のトライアングルのなかで司法制度改革審議会の設置も決まったと理解すべきではないかと思います。

しかしながら、なぜこの時期にこの審議会がつくられたかを考えますと、政・官・財のトライアングルのなかで、従来はともすれば中央に立っていたのが官で、その両側に政・財があったのではないかと思います。そういう意味では、まさに住専の問題等の失敗をはじめとして、官に任せておけないということから政・財の力が強くなってきて司法制度改革の動きが生まれてきた要素が強いのではないか、そして、現在のところ、依然として市民はその枠外にあると考えております。

しかしながら、政・財は官と比較すると世論に敏感です。また道理も筋も通る場合があるものです。そういう意味では、世論を背景にして司法制度改革審議会において道理をもって説いていけば、根本的な、本当の、市民による司法改革が成り得るのではないか、このように期待して、参加しているわけです。

●法曹三者が国民から愛想を尽かされた

二つめに、司法制度改革の位置づけの問題として、法曹三者、すなわち裁判官、検察官、弁護士が国民から愛想を尽かされて、われわれの手でやろうというふうになってきた。現に、一三名の委員のなかで一〇名が利用する立場からの委員の構成になっています。法曹三者は、昭和三七年から三九年までの臨時司法制度調査会で意見を言いましたが、何もできなかった。あるいは四五年に、「司法は独立だから、法曹三者でやりなさい」と言われたけれども、それもできなかった。そこでしびれを切らしてできてきたものではないか。そういう意味では、法曹三者がそれぞれ反省のうえに立って、この審議会に臨むものでなければならないのではないか、このようにまず考えております。

それでは現在この司法制度改革審議会はどのような構図のもとに論議が進められているかということについて、一言申し上げますと、それは二つの側面から行われております。すなわち一つは担い手問題、もう一つは制度改革です。担い手問題はこの三角形です（表紙二頁掲載の図参照）。いちばん下には法曹人口、法曹養成、そして弁護士改革、検察改革、最後に裁判所改革があるという三角形の担い手問題として、まずわれわれは論議をしているわけです。

今度はそれと平行するように逆三角形のかたちで、司法がいろいろな意味において遠い存在であるというアクセス障害をどう解消していくかという問題があります。また、行政訴訟における当事者適格とか、懲罰賠償の権利を実現するために、それを阻害している実態的な理由をどう解消していくのか。その二つが相成ることによって、われわれの司法は本当の意味における根本的な改革ができるのではなかろうかと思います。

私個人としては、先ほど言った司法制度の担い手問題の到達すべき頂上は、やはり法曹一元であり、陪・参審であるべきと思っています。そして、アクセス障害とか権利実現の阻害要因を解消して、まさに先ほど小堀会長が言われたように、法が社会の血肉と化すような状態をつくり出す。法的需要が顕在化し、拡大していくなかにおける法曹一元であり、陪・参審ではなかろうかと考えております。

●論点整理の意義

三つめに、われわれ審議委員は、昨年の一二月二一日の第九回司法制度改革審議会で論点整理をいたしました。司法制度改革にどのようにしてわれわれは臨むのかという基本的な姿勢をその時点で明らかにしたわけです。そこにおいて、少なくともわれわれは二つのことを決めたと思っております。まずは、先ほどもおっしゃった論点整理の言葉のなかにありましたように、法が社会の血肉と化し、法律家が社会生活上の医師として、もっと身近で不可欠の存在になってこなければいけない。そして指導的な役割を果たしていかなければいけない。社会生活上の医師となることを目指して、現状をどう変えていくかということが合意されたのです。

論点整理では、まさにそのように一国の法がこの国の血肉化した状態をつくり出すべきであるとしているのです。そうでなければ、国際的にも通用しないとわれわれは考えております。私個人はそのことが具体的なかたちになるのは、法曹一元であり、陪・参審の実現ではなかろうかと思っております。

●弁護士が変わる　司法が変わる

最後に四点めとして、そのような司法制度の改革の担い手問題としての登山口はいったいどこなのかというと、これはやはり弁護士改革ではないか。弁護士はいうまでもなく、司法と市民をつなぐ接点に立っています。法曹のなかの九割方が弁護士ですから、この弁護士の改革が行われなければいけない。だから、弁護士の改革が登山口である。そして頂上が裁判所改革であり、法曹一元・陪参審である。同時に裾野として、法曹人口問題、法曹養成問題、いわゆる大学のロースクール問題等が存在すると考えるべきものではなかろうかと思っております。

そして、弁護士というものが本当にいまのままでいいのか。私はやはりいまのままではよくないと思っております。特に弁護士がまさにプロフェッションとして、人の不幸を自分の職業の種にしていることからくる問題性をもっと考え、弁護士はもっと公益的な義務を行うものに脱皮していかなければならない。もちろん、人口ももっと増えていかなければいけないと、私個人は考えております。

同時に、アクセス障害解消の手段となっているような法律相談所や公設弁護事務所を全国につくるとか、あるいは弁護士報酬の規定をどうするのか、弁護士広告をどうするのか、そのような問題すべてを含めて、弁護士改革を総合的に行うべきであると考えております。

さらに、弁護士改革にとってぜひ必要なのは、いま存在している一七〇〇〇人の弁護士の意識改革です。われわれは法律事務を独占し、自治という特権のなかにあぐらをかいているような意識になっている危険性があるのではないか。そのことこそが問題であって、弁護士の自己改革こそがいままさに問題ではなかろうかと考えております。そのようにして、二月八日と二月二二日の二回に分けて、司法制度改革審議会において、まず弁護士改革からということで、私が最初のレポーターとして現在、審議に立ち会っております。

本日の集会では、このような審議会に対して、国民の皆さんが熱い眼で、われわれが本当に自律するためには司法を変えなければいけない、遠い存在ではダメだということについて、心からなるメッセージを送っていただきたいと考えております。

なかぼう　こうへい

1929年　京都市生まれ
57年　弁護士登録（大阪弁護士会）
73年　森永ヒ素ミルク中毒被害者弁護団団長
85年　豊田商事破産管財人
90年　日本弁護士連合会会長
96年　（株）住宅金融債権管理機構（現・〈株〉整理回収機構）代表取締役社長
99年　司法制度改革審議会委員

司法改革・東京ミーティング

パネルディスカッション

「裁判が変わる　日本が変わる　～わが国司法改革のゆくえ～」

●パネリスト●（敬称略）

浅見　宣義（あさみ・のぶよし／前宮崎地家裁判事・日本裁判官ネットワーク）

江田　五月（えだ・さつき／参議院議員）

笹森　清（ささもり・きよし／日本労働組合総連合会事務局長）

清水　鳩子（しみず・はとこ／主婦連合会副会長）

田原総一朗（たはら・そういちろう／評論家）

宮内　義彦（みやうち・よしひこ／オリックス（株）代表取締役社長）

保岡　興治（やすおか・おきはる／衆議院議員）

●コーディネーター

斎藤　浩（さいとう・ひろし／日弁連司法改革実現本部事務局次長・弁護士）

【目次】

総合司会（田中早苗〔弁護士〕）　みなさん、こんばんは。今日は寒いところをお越しいただきありがとうございます。本日、この会場は立ち見が出るほどの満席になっておりますが、そればかりではなくて、現在、このよみうりホールから有楽町の駅まで長蛇の列が続いている結果になっております。主催者側としては、うれしい悲鳴なのですが、本当にお詫び申し上げなければならないという気持ちでいっぱいです。もしお知り合いの方がおられましたら、くれぐれもよろしくお伝え願いたいと思います。主催者側としては、改めて別の機会を考えていきたいと思っております。

さて、いよいよパネルディスカッションに入ります。それではパネリストのみなさんが登壇されます。

まず一番目は評論家の田原総一朗さんです。田原さんは、政治、経済、メディア、コンピュータなど、時代の最先端の問題をとらえ精力的な評論活動を続けておられます。司法についてどのようなお考えをお持ちか、たいへん興味があるところです。

続いて衆議院議員保岡興治さんです。保岡さんは現在、自民党の司法制度調査会（⬇用語解説）会長をお務めですが、国会議員になる前には裁判官のご経験があります。司法改革について、自民党内部などではどう議論されているのでしょうか。よろしくお願いいたします。

次は参議院議員江田五月さんです。江田さんは、科学技術庁長官などを歴任され、現在は同庁の顧問などを務めておられます。国会議員になる前は保岡さんと同様、裁判官のご経験があります。江田さんの個人的経験からの問題提起や、それから民主党としての立場のご意見が聞けると思います。

続いて宮内義彦さんです。宮内さんは、現在オリックスグループのCEO、オリックスの代表取締役社長を務めながら、昨年、内閣行政改革推進本部規制改革委員会の委員長として、司法改革についても議論しておられます。今日は経済界代表として、司法について語っていただけることと思います。よろしくお願いいたします。

次は笹森清さんです。笹森さんは九三年に全国電力関連産業労働組合総連合会長や、九七年から日本労働組合総連合会（連合）事務局長に就任し、労働組合の活動に長年携わってこられましたので、労働組合の立場からのご意見をお聞かせ願えるのではないかと思います。

続いて清水鳩子さんです。清水さんは主婦連合会長を経て、現在は副会長を務めておられ、産業構造審議会などの委員です。九三年には法曹養成制度等改革協議会（➡用語解説）委員を経験されておられ、今日は長年、女性の消費者の視点で司法界をウォッチしてこられた経験からの発言が期待されます。

次は浅見宣義さんです。浅見さんは裁判官で、現在は預金保険機構に出向しておられます。本日のパネリストのなかではもっとも現在の裁判所の内部を知っている方といえるでしょう。よろしくお願いいたします。

最後に、コーディネーターの斎藤浩です。大阪弁護士会所属の弁護士で、現在、日弁連司法改革実現本部事務局次長を務めています。それでは斎藤さん、よろしくお願いいたします。

斎藤　今日は、日本一のコーディネーターの田原さんを横において、たいへん緊張するところですし、ユーザー代表で経済界から宮内さん、労働組合から笹森さん、女性と消費者代表の清水さん、そして政治分野から保岡さんと江田さんがご出席です。いまもご紹介がありましたように、偶然ではありますが、保岡、江田さんは元裁判官、そして出向中ながら、現職裁判官の浅見さんということですから、裁判所の内外を大いに語っていただけるメンバーが豪華にそろったものと思われます。壇上には日弁連の代表はおりませんが、日弁連の見解や日弁連が考えていることは、必要であれば私がご紹介しながら進めたいと思います。

ではさっそく本題に入らせていただきます。今朝（二月一八日）の新聞を見ますと、日本の国債の格付けが下がる可能性がある、また原発の生コンクリートにたいへんな欠陥があるという記事がみなさんのお目に留まっていると思います。このように日本全体がいま、不安で、不確実な状態の中で動いています。昨年一二月に司法制度改革審議会が公表した「論点整理」のなかに、このようなくだりがあります。「ある種の社会的閉そく感を抱えつつ新しい世紀を迎えようとしている」と日本を位置づけています。

二一世紀は「市民の社会」、あるいは「市民の世紀」、「官僚支配から市民主体の時代」などと書かれたり、言われたりしておりますが、努力をしないで市民の世紀になるわけではないと思います。それぞれの分野でそれぞれの努力をすることによって、二一世紀がいい世紀になる可能性があるということだろうと思います。

そこで、最初のご発言として、司法の分野において、「官から民へ」ということを実現するためには、どのようなことが大事だと考えておられるかを、それぞれのパネリストのみなさん方に順番にまずご発言いただこうと思います。田原さんから順番に、私が先ほどお願いしたことを簡潔にお願いいたします。

1 どうして、司法制度改革審議会はできたのか

田原 司法（⬇用語解説）についてはまったく素人なので、たいへんつまらない質問をさせていただきます。司法制度改革審議会（⬇用語解説）をつくられた動機はなんですか。だれでもいいんですが、保岡さんがいいと思います。なぜこんなものをやろうとしたんですか。（笑）

●二一世紀の国づくりの基本として

保岡 いま世界が変わる、そして日本も変わらなければいけない。今日のテーマは、「裁判が変わる　日本が変わる」ということですが、このテーマの根底にある「官から民へ」ということが、世の中の大きな変化の特色だと思います。いままでは、明治から、戦後もそうですが、先ほどの中坊さんのお話にありましたように、優秀な官僚を中心に、国民がみんなそこに協力をして、右へならえで、二人三脚で効率よく日本の国をつくってきました。

それが、世界が一変して、イデオロギーの対立から、知恵と創意工夫を競い合う競争社会になる。それに日本も巻き込まれざるを得ない。そうすると、官を中心に右へならえではどうにもならないのであって、だんだん成熟してきた社会をこれ以上よくしようとすると、現場で解決する。そして、国民の知恵と工夫で努力していい社会をつくっていくという大きな転換をしなければいけない。そのためには、政治も変わらなければいけないし、行政も変わらなければいけません。

いい社会をつくっていく工夫をして競い合って、競争していくとなると、やはりルールと自己責任、自立した個の人間が基礎になります。そうすると、いろいろな社会関係を律する法を担保する仕組みを国民みんなでつくらなければいけないのではないか。そういうことを原点に、日本の新しい二一世紀の国づくりの基本として、司法をしっかりと国民の目線でつくっていこう。そういうことで、実は自民党の司法制度調査会で提案をして、政府にこの審議会を設置していただいて、スタートしていると認識しております。

田原　もう一つ聞きたいんです。つまり、なぜこういうものがいまできたのかというのは、保岡さんの説明ではさっぱりわからないんです。本当は何なんですか。いまのは建て前でしょう？　そんなことは聞きたくありません。

斎藤　経済界でいちばん最初に政府、あるいは国会にそういう審議会を設けるべきであるという提言をなさった宮内さんから、お立場上、少しお願いいたします。

●司法のキャパシティが小さすぎる

宮内　田原さんにご満足いただける答えになるかどうかわかりませんが、おそらく社会が複雑になるに従って、社会的な紛争がどんどん増えてきているのが現状だと思います。われわれ経済界でみますと、市場経済のもとで自由に創意工夫で事業活動をしようということになりつつある。そうなると意見の対立も多くなるでしょうし、法律で最後は黒白といいますか、決着をつけてほしい。そういう社会的紛争は、好むと好まざるとにかかわらず、二一世紀に入って増えてくる。いまでもずいぶん増えています。そういう紛争をいったいだれが解決するのか。落語の世界だと、家主のじいさまが出て、「まあまあ」と言って解決するわけですが、やはり法にのっとって解決しようということになりますと、社会的紛争のボリュームに応じた司法のボリュームが必要になってくるということではないかと思います。

それに対して、いまの日本の司法制度は、社会的紛争のボリュームに対して、司法のボリュームがあまりにも小さくなってしまって対応できていない。しかし、社会的紛争の量が減るわけではありません。それはどこで解決しているかというと、「まあまあ」ということで話し合いで解決するか、だいたいの場合は行政に逃げ込むわけです。そうしたら行政が、「全部任せておけ」ということで、それを引き受ける。そして行政がどんどん肥大化するということだと思います。

ファーストトラックというもっと早い解決の方法がありまず。これは暴力団に頼むと即刻やってくれるということですが、これがはたしていい世界なのかというと、いい世界ではありません。やはり法に基づいて社会的紛争を解決するには、それと同じキャパシティの司法制度が必要である。「二割司法」といわれているぐらいで、司法の容量が小さすぎる。社会の需要を満たしていないではないかというのが、いちばん大きな問題でしょう。そうしたら今度は内容についていろいろ問題が出てきたということではないかと思います。しかし、私自身は、内容ももちろん重要だけれども、キャパシティの部分の差があまりにも大きすぎることがいちばん問題だという認識をしております。

斎藤　ありがとうございました。江田さん、その関連でいかがでしょうか。

●裁判にも自分たちはものを言いたい

江田　お二人がおっしゃっていることはよくわかるんですが、ちょっと違うのではないかという気がしています。社会が非常に複雑になって、法律的な解決がもっと迅速に多様にできなかったら困るとか、あるいは規制緩和の時代で、これからは事後的審査の段階になるから裁判所が大切だということだけだったら、おそらくこんなに大勢のみなさんがここに集まってくることはなかっただろうと思います。

　最高裁が民事訴訟改正といって、最近いろいろな改革をしたり、あるいは刑事の関係もいまいろいろな改革をしようとしていますので、それだけで済むのかもしれません。しかし、そうではなくて、大勢の国民のみなさんが、裁判にも自分たちはものを言いたい、あるいは裁判にも自分たちは入り込みたい。豊島《てしま》の産廃事件だって、本当に国民は怒っている。吉野川の可動堰だって、住民投票であれだけ変えた。裁判だって、自分たちの手の届かないところでやってもらっては困る。そんなことがいま出てきているわけで、それが司法を変えたいという国民の気持ちにつながっていて、こんなに大勢の人が集まったんでしょう。私はこういう気持ちを持っている人たちを市民と呼びたいと思います。

　私たちは去年、内閣が提出した司法制度改革審議会設置法に賛成しました。なぜこれが必要かということを、きれいにいろいろ書いておられます。そのことを否定はしませんが、それだけではなくて、やはり市民の司法を実現したいという国民の気持ちがあって、それに沿って司法を変えるということであるから、法曹一元（➡用語解説）とか、陪・参審の実現が今度の司法改革の眼目だ。それができなかったら、司法改革をやってもしようがないぐらいに思っています。日弁連と同じような考えになってもおもしろくないですが。（拍手）

斎藤　笹森さん、最近、組合の組織としても司法の問題をずいぶん取り上げていただいているようですが、いまの関連で一言よろしくお願いします。

●「改革」と入れたのは何か

笹森　はじめに田原さんからおもしろい質問がありました。よく聞いていると、三人がいま言われたのはたぶんわからなかったと思います。私もよくわからないんですが、連合も高木剛ゼンセン同盟会長を審議委員として審議会に出していますので、なぜ出したのかということと、この審議会はどういう意味合いか、私なりに簡単に言わせていただくと、ここに「改革」という二文字が入っているのがきわめてミソだと思います。ほかの審議会は「改革」なんて入っていません。「改革」と入れたのは何か。この意味は、たぶん論議の前提条件として、現状に問題がある。だから、改革しなければいけない。このことをまず前提にしている。なぜ問題があるのか。社会情勢、時代変化にいまの司法制度がマッチングしていないのはだれでもわかります。だから、政府もそのことを認めた。したがって改革する。そのために見直し、変える。そしてどういうシステムにつくり直すか。このことをやらなければいけないというために、この審議会ができたという理解をしたうえで、どうしたらいいのかという話をしていくのがいちばんのポイントではないか。田原さんの質問については、そういうふうに私なりのお答えをしたいと思います。

斎藤　審議会設置法が国会で成立し、審議会の委員が一三人選ばれました。会場のみなさんはご存じかどうかわかりませんが、そのうちの四人だけが、国会で反対なく全員一致の賛成で選ばれています。それは先ほどご挨拶なさった中坊さん、それからいま笹森さんのおっしゃった連合副会長の高木さん、そして清水さんのところの主婦連事務局長の吉岡初子さん、そして佐藤幸治会長です。この四人の方はだれの反対もなく、国会の法務委員会で全会一致の賛成で通っておられます。今日はそういう代表を出しておられるお二人をお呼びしているという意味もあります。では、清水さん、よろしくお願いいたします。

●行政への失望から司法へ期待

清水　いまの流れにぴったり合うのかどうかわからなくなりましたが、私は履歴にも書いてありますように、一九四八年から五〇年ほど、ずっと消費者運動にかかわってまいりました。五〇年の運動の歴史をみてきますと、生活のなかで起こるさまざまな問題を、私たちはどこへぶつけてきたか。ときには企業に対しても直接注文をつけてきましたが、ほとんどは行政であり国でした。しかし、国とか行政は私たちの期待に十分応えていない。それは姿勢の問題もありますが、法律とか制度の問題も加味します。そういういらだちのなかで運動が繰り返し続いているわけです。

たとえばＨＩＶの問題とか、いま新聞に出ている地下鉄サリン事件、企業犯罪、贈収賄の問題、少年事件、それから消費者問題に限定すれば環境問題とかゴミ処理場の建設反対とか、ＰＬ訴訟（➡用語解説）など、さまざまな問題が出てくるわけですが、いま申し上げたように、そういう問題を解決しようと思うときに、国とか行政では限界があるということで、私たち自身はここ数年、司法にたいへん大きな関心を持ってきて、ここを充実しなければダメだということを、運動を通しながら実感してきました。

中坊さんが先ほどおっしゃったように、市民に縁遠いといわれる司法ですが、実は生活の問題は全部司法に関係するといっても過言ではないと思います。したがって、今日は弁護士の問題を中坊さんも強調しておられましたが、裁判官、弁護士、そして法務省、それから司法を変える主体である消費者の変革が、いま非常に大事になってくると思っております。

斎藤　ありがとうございました。ひととおりお聞きしてから、田原さんにあとで感想を聞きたいと思います。

●司法改革の四つの課題

笹森　先ほど田原さんに対する答えだけ言って、基本的な部分は何も言っていないので、ちょっと付け加えさせてください。

中坊さんと一緒に私どももいろいろなシンポジウムとか勉強会をやらせていただいて、きわめて触発されました。だから、日弁連の方針と連合が考えていることはまったく一致します。それは四つあります。一つは裁判所の改革です。このなかでいちばん重要なのは、いまの裁判官システムのなかのキャリアシステムを変えることができるかどうかです。人事ローテーション、それからポストの問題、すべて一般的なサラリーマンと同じようなシステムになった。そうなると何が起こるかというと、ヒラメスタイルなんです。ここに裁判官出身の方が三人おられますが、すみません。裁判官といえどもやはり偉くなりたい。上を見たい。トップを見ながらやるから、全部上を向くヒラメスタイルなんですが、これではダメです。

極端な話を一つだけ聞きました。たとえば裁判官が三人いて、右陪席、左陪席といる。これは序席が決まっている。合議制の裁判（➡用語解説）で、両方の陪席が先輩の裁判長に逆らえるのかというと、上を見てしまうから逆らえないんです。だから、このキャリアシステムをどう変えるか。変な話ですが、食事に行くときもこの順番で並んで行くそうです。（笑）そんなのではダメなんです。（笑、拍手）これが一つです。

もう一つは、あまりにも閉鎖的すぎる。弁護士の任官制度（➡用語解説）ができていると思いますが、七年間でまだ一年に数人ぐらいずつの数しかいっていません。これはどちらに問題があるのか。私は専門家ではないのでわかりませんが、いまの裁判官システムのなかからいうと、あまりにも閉鎖的で窮屈で、自由権がない。そのなかで仕事をやれといわれてもいまの裁判所には一般社会の空気に触れない人ばかりいる。そんなところには行きたくない。弁護士さんはどちらかというと自由業的な性格があるから、そんな窮屈なところはいやだということになります。だから、裁判所の改革をどうするか。これは非常に問題だと思います。

二つめは弁護士の改革ですが、先ほど中坊さんはきわめていいことをおっしゃられました。社会生活上の医師になれということ。大学病院は総合的だから、どんな病気でも診てもらえばわかるというのはみんなわかっているんですが、町の弁護士さんの看板を見ても、何が専門だかわからない。「総合法律事務所」と書いてあると、全部やるのかと思いますが、内科なのか小児科なのか、婦人科なのかわからない。これについてどうするかというのは、弁護士自らもやらなければいけない。そのなかで、「私たちはこういうことができるんです」という広報活動をやっていただきたい。これが一つは弁護士改革ではないかと思います。

それをやるために何か。法曹人口が少ないという指摘はまったくそのとおりだと思います。私は中央労働委員会の委員をさせていただきましたが、公益委員と労使の弁護士、それから、使用者側と労働側の委員各一人いて、日程調整をして、全員が一致しないと審議が開けないので、何か月も先になる。一か月や二か月で終わるはずがありません。ですから、一つの案件を処理するのに三回審議をするのが一年かかるのはざらにあるわけです。いまの裁判官でも弁護士でも、お一人の方が二〇〇件も三〇〇件も持っているという例もあるようですから、そんなことをやっていたのではどうしようもない。したがって、法曹人口をどういうふうに広げるか。これが三つめです。

四つめは国民の司法への参加です。先ほど最後に出ましたが、陪審制、参審制（➡用語解説）がなぜ日本にできないのか。日本人の性格に合ってないといっている方もおられるようですが、私自身はそんなことは決してないと思います。戦争中、停止された陪審法が、戦争が終わったらただちに再開するといったことが法律で守られない。国会のなかで何をやるか、このことを十分に国会議員の方は考えていただきたいと思います。（拍手）

斎藤　ありがとうございます。まとめのような発言をいただきましたが、現職裁判官を代表して、出向中ですが、浅見さん、一言お願いいします。

●裁判所が地域の人たちに顔を向ける

浅見　ではヒラメ裁判官を代表して（笑）、言わせていただきます。現職裁判官として紹介いただいているんですが、いまは出向中です。二年間裁判官の身分をなくしている状態ですので、そういう前提でお聞きください。一年ちょっと後に戻る予定になっております。

田原さんの素朴な質問に対して、みなさんがいろいろお答えになっておられましたが、一つ欠けていたのは、私の裁判所生活からすると、民間の自主的な紛争解決機能の変化ということが指摘できるのではないかと思います。従前は交通事故でも、家庭内の紛争でも、裁判所に来るまでに解決した事件がかなり多かったのではないかと思います。特に家庭内の事件ですと、親戚が出てきたり、隣近所の人が出てきたり、会社の上司が出てきたりということで収まった事件がかなり多いのではないかと思っています。

土地争いとか、金銭の貸し借りの問題にしても、隣近所で解決してしまうとか、知人で解決してしまう事件が多かったのではないでしょうか。そういう日本の文化的なところが民間の自主的な紛争解決機能としてあったと思いますが、ここのところそれが、急速に変わってきているのではないでしょうか。ある意味で、地域社会とか企業の団体性が非常に崩れてきて、紛争解決能力がどんどん失われてきている。それで裁判所にかなり期待が来ているのではないかという気がします。

先ほどいわれた経済的な問題とか、いろいろバックボーンの問題は大方当たっていると思いますが、もう一つ、そういう日本社会の変化、特にいままで自主的に解決してきた存在が崩れてきているというのが、一つの要因としてあるのではないかと思います。それは田原さんの質問に対するお答えの付け加えです。

今回の司法改革の視点として、今回、非常に大事だと思うのは、私の立場では裁判所の改革が重要になるわけです。いろいろいわれているように、一つは裁判官の市民性が非常に重要だと思います。私自身、裁判官を一一年やっていま出向していいます。ここにおられる江田さんとか保岡さんはだいたい二〇年先輩なんですが、そういう先輩の裁判長のもとについていていろいろ仕事をして、その薫陶を受けて、ずっと育ってきました。自分を鍛えてくれる人たちは同じような周りの裁判官なんです。あとは本とか、裁判所の職員に教えられながら、私たちは育ってきています。

しかし、世の中がこれだけ変わってきました。先ほども団体性のことに触れましたが、日本社会が大きく変わっていっています。その中で私たちが育っていくためには、いろいろな世界の人から教えてもらって育たなければいけないのではないかと切実に感じます。

周囲に尊敬する裁判官は多かったのですが、いままでのように裁判所のなかに閉じこもって育っていくこと、そういう人たちだけ、つまり、身の回りの人だけで教育して育てるというシステムを、そろそろ考え直さなければいけないと思います。多様な人に育ててもらうという意味で、裁判官の市民性が大事ではないかと思っています。

もう一つは、あまりいわれていないことでぜひ強調したいことです。それは、裁判所の分権性です。今日も話題になっている法曹一元とか、裁判官の市民的自由という問題がありますが、そういうものを担保するものとして、裁判所が行政のシステムにならって中央集権になっているのを、できるだけ分権化して、裁判官なり裁判所が地域の人たちに顔を向けて、そちらの人たちと一緒に社会をつくっていくシステムが大事ではないかと思います。裁判官の人事だけではなくて、裁判所が使える予算の問題とか、広報の問題とか、いろいろな問題があります。それを分権化していって、地域に根ざした裁判所をつくるのが、もう一つ大事な視点ではないかと思っています。

今日は市民性と分権性を、まず冒頭で述べておきたいと思います。

保岡　先ほど田原さんに質問されたので、私も質問したいんです。根本的、総合的、体系的な国家の基本インフラとしての司法の位置づけとして、国民レベルで本当に知恵と工夫を競い合って、現場で問題を解決していく成熟社会のあり方を頭において、司法改革を提言したのは、財界で宮内さんのところの司法改革もそういう傾向を持っておりますが、自民党が初めてです。弁護士会もどちらかというと、一九九〇年代からの改革は一つひとつ個別な問題を通じて全体を改めていくという感じでした。
ですから、これを初めて自民党が提言して審議会ができたのは事実です。それを舞台に、本当に大きな改革の議論が始まった。それも制度だけではなくて、人の問題ということは、いままでの改革のなかでは初めてだと思います。人をつくる、養成する、あるいは増加させる。また初等、中等教育の国民の意識改革から含めて、あるいは文化とのつながりから見直しも含めて、談合社会から法を建て前とする社会への改革まで含めて、総合的に日本の二一世紀の司法のあり方を求める。そのへんのきちんとした位置づけが、この論議が収斂する場所の重要な力になるとわれわれは考えて提言したんですが、それでいいでしょうか。

田原 答えは簡単。保岡さんに悪いから言いにくいけれども、自分の党がまったく市民の政党になっていない。自民党のことを言っているんですよ。(拍手) 自民党の構造がまったく開かれていない。(拍手) そんな党がそんなことが言えますかと私は言いたい。具体的に言います。まず何か。自民党はまったくリーダーシップのない人が総裁になる。自民党というのはリーダーシップのありそうな人を総裁にしない。これが一つ。(拍手)

二つめ、自民党の議員たちは、二世か官僚しか議員になれない。(拍手) 一般の国民で政治家になりたいと思う人は、自民党からはほとんど立てません。(拍手) これでは市民から隔離されているといわれてもしょうがないでしょう。

保岡 司法改革について、さまざまな関連団体や有識者にヒアリングにお呼びして、それに基づいて自民党内で協議してきました。実は二六回協議して提言をしたんです。この協議のときに弁護士会に全部参加していただいて議論をしてまいりましたから、共通の土俵で司法改革の論議が始まる道が開かれました。

2 なぜ、法曹人口が少ないのか

田原 笹森さんがおっしゃったように、弁護士をはじめ法曹関係の人が少なすぎる。宮内さんもおっしゃいましたが、戦後五〇年たって、法曹人口がなぜ増えなかったんですか。一体だれが増やすことを邪魔したんですか。(笑)

斎藤 それがいま審議会で論議になっていることです。

田原 はっきりしたいと思います。だれが邪魔したんですか。

斎藤 先ほど保岡さんがおっしゃったように、たしかに自民党が総合的なプランを出されたということはあると思いますが、日弁連は弱いなりにやってきたんです。九〇年からの司法改革以前にもやっていますが、特に九〇年以降は、法曹人口を含めた総合的プランを幾度か描いております。九五年には日弁連の司法改革推進本部が「司法改革全体構想」、九八年には同じく日弁連の中の「司法基盤整備・法曹人口問題基本計画等策定協議会」というところが弁護士人口増を含む全体構想を出しているんですが、日弁連がいっているだけでは力を持たなかった。しかし、宮内さんや自民党など、経済界や政治の世界が、また違う動きのなかで司法改革を唱え始めた。その合流点として司法制度改革審議会ができているというとらえ方をしています。

それで、だれが増員に反対してきたのか。私なりの意見は持っていますが、これは少し議論をしていただきます。どうぞ、お手を挙げてください。

●弁護士の抵抗が大きかった

江田 その前に一言だけ。保岡さんの言うことは、私は半分は賛成です。自民党がいろいろやってきたことは認めます。それについて民主党がちょっと遅れているという反省もしなければいけないと思って、いま一生懸命追いかけようとしているところですが、あとの半分は「自民党、そんなに威張るんじゃないよ」と言いたい。(笑)

裁判所だけではない、弁護士も含めて言いたいんですが、いま司法がここまで国民から離れてしまっているということがあって、市民の側に本当にいらだちがある。自民党にはそのへんの感度がいい人がけっこういるので、そこへ保岡さんみたいな人がパッと火を点けて、こうなったんでしょう。それだけ申し上げておきたい。われわれもがんばらなければならないと思っています。

そこで先ほど田原さんが言われた法曹人口の問題ですが、なぜ増えなかったかだけいうと、弁護士のみなさんの抵抗が大きかったと思います。

田原 いちばん大きいんじゃないですか。九九%そうだと思う。(拍手)

斎藤 そういうことはありません。戦後の日本は、政・官・財の三つのトライアングルですべてを解決し、司法で解決しなくてもいいというシステムがつくり上げられたことが第一の問題です。二つめは、一九七〇年ぐらいには「司法の危機」(➡用語解説)というホットな時期があり、その時は自民党などの政治的な介入が最高裁にあったものですから、最高裁は小さな独立した司法を強固につくってきた、それに呼応して法務省も司法試験合格者を増やさなかったということがあります。小さな司法になってきたのは、弁護士にももちろん問題がありますが、弁護士が九九%だとか、そういうことは決してないと思います。

田原　つまり、だれとだれが反対したか、はっきり言ってください。

●当事者が改革するのは難しい

宮内　最近、日弁連は変わられたと思いますので、現執行部に対しては非常に高い敬意を払いたいと思いますが、過去、私は規制緩和の仕事をしてまいりまして、法曹人口の増員について、どれだけ日弁連から抵抗を受けたか。とにかく、司法試験の合格者数を五〇〇から七五〇、一〇〇〇と必死の努力をして、やっと一〇〇〇です。一五〇〇にしようと言ったら、「冗談じゃない。平成一四年から議論をいたしましょう」というところで止まっているわけですから、私はキャパシティが大きくならなかった大きな理由の一つは、やはり過去の日弁連のギルド的な性格が色濃く反映していたということをお認めいただいたうえで、司法改革をしていかないといけないと思います。（拍手）

それから、たとえば法曹三者が合意しないと何ら法律を変えられないという自縄自縛の制度をつくって、それに対して政治がまったく動かない。「法曹三者がいってこないのだから、必要があっても動かない」と、立法府が立法権を放棄してしまっているというかたちがいまだに続いている。そういう意味では、九九％ではありません。（笑）何パーセントずつかわかりませんが、自分たちの身内を守ろうというなかで、当事者が改革するのは難しいんです。ですから、市民がやろうというふうになってきたのは、たいへんいいことですし、いまの日弁連のお考えは大進歩であって、過去のことに悪口を言っているんです。（笑）

清水　私も田原さんと同じ疑問を前から持っているんです。（拍手）別に弁護士だけではないんですが、法曹人口を増員しなければ、法律を必要とする人にきめ細かい対応ができないではないかということを申してきた一人です。そのときに必ずいわれるのは、「増えると質が落ちる」ということと、「食べていかれない」という二つです。いまでもところどころで書いている方がいらっしゃいますが、それは違うのではないかと思います。

それからもう一つ不思議なことは、なぜ増員のところになると、裁判所も弁護士も法務省もみんな同じ意見になってしまうのかということです。（拍手）本当に法律はわからない人間ですが、ふつうの常識的なものさしで考えてみると、この二つがたいへん疑問です。

斎藤　日弁連は「司法改革実現に向けての基本的提言」を九九年一一月一九日に出しておりまして、宮内さんにもおっしゃっていただいたように、認識は徐々に発展しています。この基本的提言の段階では、いま清水さんにご批判を受けたようなことはもう言っておりませんで、「日弁連は国民が必要とする弁護士の増加と質の確保を実現する」と申し上げております。それが「変わってきた」とご評価いただくのはたいへんありがたいことです。日弁連の姿勢がずっと法曹人口を少なくとどめた主要な要因であったとは思いませんので、そのあたりは少し分けてお考えいただきたいと思います。

田原 主要でなければだれが主要なんですか。

斎藤 私ばかり答えてもいけませんので、保岡さんどうぞ。

保岡 私は別に日弁連の弁護をするつもりはありませんが、いま宮内さんが言われたように、裁判所も給源がないとか何とか言って、私たち政治家からみていても増やすことの努力が少ない。弁護士は、「裁判官を増やせ」と言われるけれども、自分たちをどんどん増やしていく改革は、法曹三者で話し合って答えが出ない。これは事実だったんですが、今度の改革の論議を通じてみんな変わったと思います。ですから、前向きに考えれば、田原さんのご心配は、いままでの原因究明のなかから新しい動きを見い出していこうというお考えだと思いますが、過去のことは心配しないで、将来に向かってお互いに力を合わせて国民のニーズに応えればいいのではないでしょうか。

田原 いままで悪かったのが急によくなるわけはないです。(笑) だから、いままでなぜ悪かったかという反省がなければダメです。

江田 おっしゃるとおりだと思います。

田原 「変わったのだから、もういいじゃないですか」では、ダメですよ。

保岡 それは一つの問題ではなくて、みんなが司法を小さいものでいいと考えていたという流れだと思います。

●民間登用がない

笹森 やる気がなかったんです。弁護士会も裁判所も検察庁も、自分たちの数を増やすなんて気持ちはまったくなかったと過去形で言います。いまはあります。なぜかというと、他動的な要因なんです。どうにもならないほど相談件数とか、裁判する件数が増えてしまった。昔はあの数で間に合っていた。だけどいまは間に合わない。だから、やらなければいけないんです。

そのなかで二つ出ました。人的なボリュームを増やすというやり方と、制度を変えるというやり方です。制度を変えるというやり方は出たんですが、完全にまだそのことがいってない。一つは、司法試験(➡用語解説)制度が難しすぎるから、弁護士にしても裁判官、検事にしても、なり手がなかなかいない。そこで、試験をやさしくしようとして、受験科目を変えました。しかし、変えてはいけないところに手をつけられたので、労働組合の立場からするといちばん頭に来ていますが、労働法が受験科目から消えてしまったんです。(笑)なぜかというと、ロースクール(⬇用語解説)でも労働法を勉強している学生は少ない。団体争議が少なくなったから、労働法はやる必要がないというのでしょうか。世界のなかで、労働法が任用試験の受験科目にない国は日本しかありません。試験をやさしくするのも必要ですが、どこをやさしくするのか考えなければいけません。

それからもう一つ、民間登用がありません。弁護士さんも検事も裁判所も、そういうキャリアを持った人の世界なんです。ところが社会的に十分な経験を積んだ人たちは、裟婆の常識を持ったかたちで、先ほど労働組合のスタッフもと言いましたが、そういう世界のなかに入り込んでいって十分に判定ができるはずです。ところが、自分たちの権益を守ろうとして、そういう人たちをシャットアウトする。そういう民間登用などがあいまって、法曹人口は変わっていくのではないかと思います。

●どのくらいの増員が必要か

田原　ではもう一つ聞きたい。ぼくは揚げ足を取るつもりはまったくないんですが、司会者に聞きたいんです。弁護士を増やそうとしているのはいいですが、何人ぐらいがいちばん適当だと思っていらっしゃるんですか。ここに数字がありますね(各国法曹人口の比較⇩表紙二頁掲載)。たとえばアメリカは九四万人、イギリスが約八三〇〇〇人、ドイツが一一万人、フランスが三六〇〇〇人、日本が二一〇〇〇人。どのへんがだいたいいいと思われているんですか。

斎藤　日弁連のなかで議論している状況を申し上げますと、次の日弁連の会長に選挙で当選した久保井一匡弁護士は、選挙の過程ではっきりと、「年間一五〇〇人までは早急に増やすべきである」と言いました。それから、日弁連のなかでは審議会の対応で、いろいろなシミュレーションをしております。たとえばいつから一五〇〇人になれば、どれぐらいの人口になるか。ずっと増えていくアメリカのようなやり方がいいとは思いませんので、どのあたりの人口がいいかということは、日弁連のなかで十分議論をしております。

中坊さんは審議会のなかで、フランスの人口比を日本で換算すると、フランスの弁護士人口は六万人である。日本はいまだいたい一七〇〇〇人なので、最終的には六万人ぐらいになるのが適当ではないかと言われました。それについて、日弁連のなかで十分検討しようとしております。

●市民の声をもっと聞かなければいけない

江田　ちょっと話を戻しますが、日弁連はこれまでいろいろなことを提言もされ、反対もされ、賛成はあまりなかったですか、(笑)いろいろやってこられて、それが全部間違っていたとはもちろん思いません。こういう言い方をしたら恐縮ですが、業界のことになると、弁護士のみなさんは理屈をつけるのはたいへん上手ですから、いろいろと理屈をおっしゃいます。しかし、国民、あるいは市民からみたら、先ほど宮内さんが言われたギルドではないかという感じを持たれると思います。「昔はそうだったが、時の変化に従って進歩していくので、今日ただいまはここまで進歩した。あとは大丈夫だ」と胸を張って言われてもちょっと困るので、やはり市民の声をもっと聞かなければいけないという気がします。

ここまでのことを出していると言われますが、たとえば報酬のことにしても、その他もろもろ、やはりギルドのジャーゴン（業界用語）でいろいろなことを言っているという感じを持たれています。それを直していって、ここに書いていることが本当に国民、市民のみなさんに受け入れてもらえるようになるには、つまり弁護士会が、今度は本当にすばらしい司法のために立ち上ったぞと信用してもらえるには、もっと努力をしなければいけないと思います。

それから、いまの法曹人口の関係です。これはもちろんこれから議論ですが、一五〇〇人司法試験合格体制でいくと、ちなみに去年は一〇〇〇人ですが、それ以前からずっと比べて考えていくと、やはり五万人から六万人という水準まではどうしてもいかなければいけないだろう。そこで十分かどうかを議論しなければいけないので、そのへんまでは早急に増やしていかなければいけないと思います。

斎藤　田原さんのおかげで議論がずいぶん深化して、本当にありがたいと思っております。少し整理をしていきたいと思います。いまの江田さんのご発言に、まず私なりにコメントしておきたいと思います。そういう面はもちろんあると思いますが、弁護士が努力をしてきた面も認めていただかないと困るのは、たとえば法律扶助（➡用語解説）です。イギリスでは換算すると一〇〇〇億円を超える法律扶助の予算が毎年付いています。アメリカは四〇〇億円、ドイツは二五〇億円、フランスは二〇〇億円付いている。それが日本では数億円だったんです。今度の予算でやっと二一億円になると思いますが、こういうところを弁護士が手弁当でやってきた。昭和二〇年代からのことです。

それから、九〇年代以降では、刑事被疑者弁護で当番弁護士という制度をつくり上げて営々とやってきました。先進国で公費による被疑者弁護制度（➡用語解説）がないのは日本だけなのですよ。たしかに力は弱いけれども、日弁連なりに努力をしてきたことを、江田さん、会員としてお認めいただきたいと思います。（笑）

3 裁判官の官僚的体質はどこから生まれてきたのか

斎藤　最初は裁判官について議論しようと思ったんですが、弁護士の増員について議論になりました。このへんで、現在の裁判所の問題、つまり官僚体質について議論したいと思います。

まず宮内さんにお聞きしたい。「コート二一」という裁判官の任意のグループに講演で招かれたそうですが、その場の感想を宮内さんが書いておられる非常におもしろい文章を見たことがあります。もしよろしければ、そのあたりのことからいまの裁判所の問題をどのように考えておられるか、少し口火を切っていただけますか。

●行政システムと同じになっている裁判官システム

宮内　浅見さんなどがご努力されまして、若い裁判官の皆さまとお話ししようということで行ったんですが、そこの場に出てくること自体が裁判官の方にとっては勇気がいることだったんです。そこで自由に意見交換することはそれ以上のことであって、実は名前を名乗らずに、覆面で議論しているんです。小さな集まりですが、それを見て、私はふつうの市民感覚で、「驚いた世界があるものだ。日本にはまだソ連が残っているのか」と言ってお叱りをこうむったわけです。（笑）

それは裁判官の世界を一つかいま見たということですが、その後、そういうことを通じて裁判官の皆さま方の生活をいろいろ聞かせていただくと、一人ひとりの裁判官がずいぶん多くの案件を持って、実にまじめに必死に取り組んでおられる。しかし、どうしても事件の積み残しが多くなるので、判決までもっていくのはやめて、このへんで和解したらどうだということが多くならざるを得ない。本人は一生懸命やっているが、裁判官の組織自身がまさに行政組織であって、結局、最高裁判所事務総局を見ながら仕事をしている。裁判官の独立性が本当に保たれているのかどうかということに対して、私は小さな接点しかないわけですが、いまでも疑問に思っています。裁判官のシステムが完全な行政システムとイコールであるということになると、これはたいへん問題だ。これをどう打破していくのか。

それから、まじめな裁判官ということですが、やはり市民が期待するのは、経験豊かな、社会的な訓練を経て、人間社会のありようをよくよく知った人に最終的にイエス、ノーを決めてほしいということなのですが、実際はそうでなく、キャリアとして育った方なんです。途中で人の入れ替えのない組織はみんなおかしいと思いますので、そういう意味では、裁判官の組織がその典型的なものになってしまっているとしたら、大いに疑問だと思います。（拍手）

齋藤　くしくも今日（二月一八日）、日弁連の理事会で、「法曹一元」についての日弁連の提言を可決しました。これから公表していくわけです。それはいま宮内さんがおっしゃった途中入社システムを提言したことになります。今は二十何歳かで裁判官になってしまうと、基本的に再任は最高裁のお眼鏡にかなうということによりフリーパスで、定年をどこかでお迎えになるというシステムです。法曹一元のシステムでは、裁判官推薦委員会というものをつくって、一〇年ごとに、そのポストになりたいという新人の裁判官と、一〇年、二〇年たった裁判官とが同じポストを争う。そして、市民的評価、同僚の評価、専門家の評価を受けて、新人と比べても既存の裁判官がいい裁判官であったかどうかをチェックするシステムも考えているところです。法曹一元というのはそういう市民的チェックが入るということをご理解いただきたいと思います。

浅見さん、いまの宮内さんのお話ですが、そこにおられたんですか。

●子飼いのシステムが問題

浅見　ええ、私が主催者の一人でしたから。宮内さんのお言葉は、私たちには非常にショックでした。宣伝するようで申しわけないんですが、去年、日本裁判官ネットワーク（➡用語解説）で、『裁判官は訴える』（講談社）という本を出しました。その冒頭に宮内さんの言葉を引用させていただいたんですが、「裁判所はソ連だ」と言われると非常にショックで、「エッ！」と……。絶句しました。そういえばたしかにみんな匿名で話していて、そのときに宮内さんに怒られたので、「すみません、いま透明化の途中ですので、ご容赦ください」と弁解した覚えがあります。

先輩裁判官を擁護するわけではありませんが、先ほど宮内さんが言われたように、非常にまじめな方が多くて、みんな一生懸命仕事をしている。たくさんの事件を抱えて、誠実に、職人のように仕事をされている。これは日本の裁判官の現実の姿です。それはむしろ誇るべきことであって、ぜひみなさんに紹介しておきたいと思います。ただし、そういう事件の重圧とか、正直いって子飼いのシステムみたいなもののなかでずっと育ってきていますので、先ほど言われましたが、外に対して何も発言しないとか、市民のなかに出ていって何も学べないということが生じています。それをいまこそ変えなければいけないと思います。

私は宮内さんをお呼びする会に先立って、司法改革の論文を書いてみました。そのときのことを正直にいいますと、ポストに入れるときに手が震えていました。いま考えると、やはり「ソ連」にいたのかもしれません。「こう改革しよう」ということを書いたんですが、手が震えたのは、やはり私のバックにあるシステムが影響していたのではないか。そこを自分たちで自己批判したり、自分たちに対する影響を見直す時期にきているのではないかと思います。

そういう意味で、先ほど田原さんから、弁護士制度について、だれが邪魔したのかということが出たので連想しました。裁判所の改革をだれが邪魔したのかという議論ももちろんあるんですが、だれが邪魔したのかだけを追及するのは、やや非生産的な感じもしています。戦犯論についてはいろいろな意見があると思いますが、いま見直して、とにかく変えようということが大事ではないか。あまり後ろ向きの改革はしたくないと思っています。

●地域の人が相談にきたら

田原 非常に素朴な質問をしたいんです。先ほど浅見さんは、地域の人たちに顔を向けるとおっしゃいましたが、具体的にはどうするんですか。

浅見 卑近な例を言いますと、裁判所のシステムは、裁判をするだけではなくて、相談にのったり、調停をしたりするわけです。そのシステムは、実はあまりPRしてないので、よく知られていないんです。それをPRしたい。

田原 もっと具体的に聞きたいんです。近くに住んでいる人たちが、「すみません。あなた、法律のプロフェッショナルだから、こういうことがあるんだけれども、どう考えますか」と聞きにきたら、気楽に相談に乗るんですか。

浅見 個人としてという問題ではなくて、やはり裁判所のシステムとして、受付相談とか、そういうものをPRして、どんどん来てもらうようなシステムをつくらなければいけないというのが、いちばん身近な司法制度改革だと思います。

田原 具体的にいま裁判官に非常に不満を持っているのは、私自身ではありませんが、私がかかわった裁判で、ある原告がぜひ裁判官に話を聞いてほしいと言ったら、裁判官は絶対会わない。これは会うようにすべきですか、会ってはいけないですか。どちらですか。「ぜひ聞いてほしい。私はこういうことでこういうことを訴えているんです」ということを、口頭でしゃべれるようにするんですか、しないんですか。

浅見 事件になってない段階で、裁判官に言いに行きたいということですか。

田原 なる以前も、なってからも。

浅見 ちょっと分けて考えなければいけないんです。

田原 じゃ、分けてもいいです。なる前は？

浅見 なる前は、個人的なことで法務的な相談を友達から受けたり、家族から受けたりすることはあります。

田原 地域の人たちから広く受けますか。

浅見 ただ、それをやると、ちょっと難しい問題ですが、その人が事件で裁判所に来たら、相手がおられるでしょう？だから、片方の人とだけは難しいと思います。

田原　相手も聞けばいい。

浅見　それがまさに裁判のシステムなんです。法廷に両方に来てもらって、主張を出し合うことです。それには裁判官も十分耳を傾けます。

田原　私が言っているのは、そういうことをいまの裁判官は全部シャットアウトしているわけです。だから、そういうことをやらない。地域の人たちが気楽に相談にも行けない。それでいったい何が地域の人々の裁判官だ。違うじゃないかと言いたいんです。（拍手）

斎藤　田原さん、裁判官、弁護士、検察官がおりまして、そういう一次的な相談に乗るのは弁護士ではないかと思うんです。田原さんがいまご批判されたのは、ある事件があって、裁判はどんどん進んでいっているが、裁判は裁判として、人としてというか個人として裁判官に会ってほしいと言ったのに、いっこうに会わないということだと思います。

田原　つまりもっと言えば、裁判官は人々と距離を保つこと、シャットアウトすることでやっと生きているんです。もし人々と交わったら、いまの裁判官はへなちょこだから、めちゃめちゃになってしまうわけです。（拍手）

保岡　具体的な事件は法廷できちんと両方から公平に聞いて判断するというのが基本なので、（拍手）個別の事件、あるいはそういうものを一般的に相談するのはできないです。ただ、自分の経験からいっても、ボランティア活動に参加する、近所のどぶさらいをするときは一緒にやってあげる。

田原　保岡さん、あなたはいつも質問をそらすのがうまいんですが、（笑）私が聞いているのは、裁判官は裁判に詳しいのだから、地域の人たちが「こういうときどうすればいいんですか」と気楽に聞ける存在になるのか、ならないのかと聞いているんです。

浅見　一つは、裁判官としては、市民に同化していくというか、出ていくという問題があるんです。いま保岡さんが言われたように、裁判官としての公平や公正らしさというのも必要ですので、弁護士さんとまったく一緒でいいということにはならないんです。今回、私たちも本当に思いましたが、こういう本（前掲『裁判官は訴える』）を出したりして表に出ると、裁判の当事者からたくさん連絡があります。

田原　ちょっと待って、あなたは地域に出たいと思っているのか、出たくないと思っているのか、どちらなんですか。

浅見　出るとしても、出方がありますということです。事件になっているとか、片方の当事者から一方的に聞くことは難しいですと言っているんです。

田原　両方から聞けばいい。

浅見　両方から聞くとしたら、裁判所に持ってきていただいて、手続きに乗せて聞きましょう。これがいちばん透明で公正な手続きでしょう。（拍手）

田原　違うんです。私が言いたいのは、ある原告が裁判官に、ぜひ訴えたい。ところが裁判官は絶対に会えない。会わないと言っているわけです。いまの裁判官、そうでしょう？あなた、会わないでしょう、きっと。ぜひこういうことを訴えたいときても、会わないでしょう？

浅見　相手方がありますからね。

田原　相手も会えばいい。

斎藤　裁判官としては両方とも会わなきゃダメなんです。

田原　だから、言いたいんですが、「やはり裁判官というのは、社会から切り離した存在なんだね」と確認したいわけです。それとも、社会から切り離した存在ではなくて、一般の民になるのか。あるいは特別な存在なのか。ここをはっきりしたいんです。民とか市民とか言いながら、結局、特異の存在でいたいと思っているんじゃないでしょうか。

斎藤　田原さんの問題提起を避けるのではなくて、そこのところを整理してからまた議論しましょう。いま地域に根ざす裁判所とか、裁判官は地域に根ざすべきであるという場合の裁判官の問題について、われわれが議論していることをちょっと紹介しますと、いまは最高裁が一元的に、東京で全国の津々浦々まで人事を全部決めています。しかし、戦前でも八つの高裁が分権的にやっていました。いまは法曹一元を議論するなかで、アメリカのレベルまでいくかどうかはともかく、もっと小さい単位で裁判官を選ぶ推薦委員会をつくって、その地域性を入れていったほうがいいのではないかという議論をしています。

田原さんがおっしゃったのはもっと身近で、コミュニティの段階とか、事件になった段階に想定して、それを裁判官が個人的に会うかという問題なので、ちょっと次元が違うんです。しかし、田原さんがおっしゃっていることはまったくおかしいということではないので議論しましょう。

江田　田原さんの質問は本当は正鵠を射ているんだろうと思います。（拍手）いまみなさんが答えているのは、司法試験の解答を書くんだったら、たぶんそれでいいんだけれども、それは先ほど私がちょっと言ったひどい言葉ですが、ギルドのジャーゴンになってしまうんです。（笑）市民が裁判についてどう思っているかということを言っているわけですから……。（拍手）

斎藤　田原さんの質問はもっと具体的でしょう？　友人がやっている裁判で、裁判官が会わなかったとおっしゃるので、それはちょっと次元が違いますよと……。

江田　私が田原さんに答えるとすれば、裁判官が事件をやっているときに、その事件の当事者が法廷以外のところに来たら、会いませんという答えになります。

斎藤　それは私の言っていることと一緒ですよね。

江田　だけど、田原さんの質問に、「こうなんだ」と答えるのではなくて、なぜそういう質問が出てくるのか。なぜ市民がそういうことについて、裁判官に不満を持つのかというところをえぐり出していかなければ、司法改革はできないという話なんです。（拍手）

斎藤　いまからそれをやりましょう。それは望むところで、それをやりたいと思っておりました。

●市民のなかにふつうに出ていく

清水　いまのお話ですが、私が前日弁連会長の鬼追明夫さんたちと一緒に『日独裁判官物語』という記録映画をつくることにかかわったんです。あれを見ますと、日本とドイツはいろいろな意味で制度が違いますが、かなり似ている国なんです。それがどうして司法だけこう変わってしまうのか。特に「裁判官物語」という題にあるように、裁判官がなぜ日本とドイツとこんなに違っているのかというのは、私は本当にびっくりしてしまいました。

いまのドイツの裁判官だったら、ふつうに町に出て集会もするし、地域の市民のお話にも乗るし、裁判所のなかでいろいろなミーティングをやれるように開放されています。出入りも自由だし、裁判所のなかには子どもを預けるところもある。写真を撮るのでも、許可をもらえば自由にできます。それに比べて、日本は裁判官がなぜあんな壇の高いところにいなければいけないのか。そういう具体的な疑問を持ったんです。

それと、いまの裁判官の市民的自由ということなんですが、私たちが消費者問題で法廷に出ていますと、たとえばふつうの消費者が悪い業者にだまされて多重債務者になってしまったとか、自動車からあるとき突然煙が出て、自動車が燃えてしまったとか、テレビから火が出たということを、裁判の法廷で訴えたときに、裁判官の判断は私たちと全然違うんです。「なぜ車から火が出るのか」「テレビは燃えるはずがないじゃないか」（笑）「契約書があるのに、なぜあなたは読まなかったんですか」（拍手）それから健康被害だと、「あなた、ほかに何か精神的なストレスがあるんじゃないですか」（笑）ということを平気で言うんです。

勉強だけではこの違いは埋められないと思います。やはりもっと市民のなかにふつうに出ていくということがない限りは、いくら「かくあるべし」という議論をしてみても出てこないので、（拍手）本当は生活をともにすることをしないといけないんです。浅見さんのような例は本当に大歓迎で、さぞかしたいへんなことだと思いますが、そういう人が出てきているということで、司法改革に一つの希望を持ちたいと思っています。（拍手）

●相互交流がまったくない

笹森　異動年数とエリアの話が先ほど出ました。それと市民のなかに出ていくか、出ていかないかという問題。隔絶しておいたほうが安全だ、自分たちも安心だという世界をつくりすぎだと思います。癒着が怖い、私情をはさんではいけない。だから、超然とした位置におく。裁判官はそれで孤高を保ちながら、公平な判定ができる。だったら、「市民の社会に出ていく」なんて言わなければいいんです。自立して、自分たちが実際にやれるとなったら、自信を持てるわけですから、本当に開かれるというのなら、そこまで入り込んでやれるかどうか。思い切って開くというのが、一つの側面としてあります。

もう一つ開かれているか、開かれていないかというのを私ども労働組合の立場からいうと、海外の組合の人たちと話をすると、欧米の組合の法制担当をやっている連中は、「日本の裁判所で連合のスタッフは働いているか」と聞くので、「ゼロです」と言うとびっくりします。外国は労働組合スタッフが平気で裁判所のスタッフとして働いています。それから民間登用の部分がある。逆にいうと、弁護士さんが労働組合のスタッフに入ってきているというのも外国の例ではあります。日本は相互交流はまったくなし。裁判所ももちろんなしです。（拍手）

それから、私のほうは、政策要求を政党のみなさん方にもやるし、各省庁にもやります。昨年初めて最高裁に申し入れたら受けてくれました。昔だったらたぶん会わないでしょう。私も六〇歳になんなんとする年のなかで、初めて最高裁判所に行きましたが、入口がわからない。（笑）ものすごく広大です。入っていったら、今度はなかのドアのどこに入っていいかわからない。あんなでかいところで、廊下を歩いたら案内の人しかいない。深閑としていましたが、泉最高裁事務総長以下が会ってくれました。これは画期的なことです。

要求内容は大したことはないんですが、お話ししたら、「これからたびたび来て、そういった話を聞かせてください。あまり聞いたことがない」と言われました。（笑）これでは「裁判の話をどうするか、裟婆の常識で」と言っても通用するはずがないので、開かれたというのなら、いま言った二つをやってもらわなければいけないのではないかと思います。

（拍手）

斎藤　いまのご発言は非常に重要なことをたくさん含んでおりますので、少し整理をいたします。裁判そのものにその分野の国民、市民が参加していくという制度が一つあります。フランスなどですと、民事の普通裁判所の大審裁判所、小審裁判所ですと、職業裁判官がやっていますが、商事とか労働とか、農地賃貸借同数裁判所などのいわば特別の裁判所については、商人の方、労働者の方、使用者の方、土地所有者、小作人が裁判官として、その裁判所で裁くという制度を作っており、市民を裁判に関与させるシステムは世界にはいくつもあります。

それから、専門参審という、各分野の専門家を裁判官の横においてやっていくなど、世界にはいろいろなバラエティがあるので、そのへんも踏まえながら、ご発言がある方はどうぞ。

江田　裁判官の市民性ということでちょっとお話をしておきたいんですが、浅見さんはいま一一年目ですか。

浅見　一二年目です。

●法曹一元でないと裁判官の市民性は保てない

江田　私は一〇年目のときにやめてしまったので、浅見さんより少ししか裁判官の経験をしていないんですが、裁判官がみんな一生懸命まじめに事件に取り組んでいることはよくわかっています。いま同期の裁判官で一人、まだ五八歳ですが、癌でたいへん苦しんでいる人がいて、今日、お見舞の手紙を書いてきました。同期の別の裁判官と話をしていたら、「去年の暮れに彼が死んだんだよ」と……。本当に五七、八歳で死んでいく。たまたま重なったのかもしれませんが、みんな本当に命を削って一生懸命やっています。

だけど、一生懸命やっているからそれでいいんだでは済みません。ヒラメ裁判官というお話が出ましたが、上のほうの人がみんな立派なら、ヒラメも立派になっていって、大きなヒラメになるから、それはそれでいいんです。裁判所だけではありませんが、日本中でキャリアシステムがうまくいかなくなってしまっていると思います。私も任官した当初に、同じく任官した友人と話をしていたんですが、裁判官は独立だというけれども、自分の担当の事件についての考えを自分で持つというのはものすごく難しいことです。合議のなかで自分の意見をどんどん言えるほど、自分の意見を簡単にはつくれないんです。そこで自分も勉強しなければというときに、周りに裁判官しかいなければ、どうしても先輩裁判官を向いて勉強するようになって、いきおい、昼飯を食べに行くときも行列で行くようになってしまうんです。

千葉にいるときに一つ、何か新しいことをやってみようと、癒着の問題などいろいろありますが、そんなことを恐れていてはいけないので、地域のたとえば弁護士さん、あるいは学者さん、ジャーナリストの方、大学の先生、労働組合の人たちと、月に一回ぐらい、自由に酒が飲めるような場所をつくろうとしたことがあるんですが、結局できませんでした。

そういうことをあれこれやりながら、たぶん浅見さんもたいへん努力をされていると思います。しかし、先ほどの田原さんの質問ではありませんが、裁判官が裁判官であるときには、「どうぞ家にいらっしゃい。酒でも飲みながら、あなたの話を大いに聞きましょう」というわけにはいかないから、裁判官でないときに、ふつうの市民のなかで育てられるシステムをつくらなければいけません。人は人のなかでしか育てられないのです。いまの制度をあれこれいじりながらよくするというのは無理で、法曹一元になっていかないと、裁判官の市民性は保てないと思います。（拍手）

●法曹一元のポイントは

田原　いまの裁判官のところで一つ質問があるんです。つまり、キャリア制がダメだ。だんだん偉くなっていく制度はダメで、では偉くならないとなると、高裁とか最高裁はなくなるわけですか。（笑）

浅見　それはまた別の制度的要因がありますから。キャリア制でなくとも、一審、二審、三審は必要なわけです。

田原　上のほうに行っても、裁判官の地位は変わらないわけですね。そうすると、地裁の人が突然最高裁になったりするわけですね。

斎藤　ちょっと整理しますと、法曹一元の国アメリカでは、具体的なポストに就くんです。たとえばA高裁の裁判官が募集されれば、そこに行くんです。またB地裁の裁判官になりたいと言って行くんです。連邦最高裁はご存じのように、大統領が拒否するかどうか、よく報道されるでしょう？　そういうふうに昇進システムではないんです。そこは頭を切り替えてもらわないといけないんです。

田原　昇進がダメだと……。

斎藤　昇進システムがダメだというのが法曹一元の一つのポイントです。

田原　宮内さんに聞きたいんですが、社長は初めから社長がよくて、（笑）専務は初めから専務がよくて、平社員はずっと平社員がいいんですか。（笑）

宮内　おっしゃるとおりで、企業のような一つの目的を持った組織の場合と、裁判官の場合は違うと思います。一人ひとりの裁判官が法律に基づいて、自分の良心で考えて判決をする。だから裁判官という人と法律というものとのあいだの関係しかないと思います。たとえば、宗教の世界でいえば信者と神との関係ということで……。

田原　宗教だって全部昇進があるんです。

宮内　しかし裁判は法律に基づいて裁くことが基本だとすると、裁き方のうまい人が上に行くといっても、裁き方がうまいか下手かというのはわからないですから。

田原　わからないですね。だから、いちばん簡単なのは昇進なんです。昇進だと、何年たったらどうなるかというのは、いちばん安易ともいえるんですが、もし昇進ではなくてやろうとすると、どうやって見極めるんですか。「あなたはやはり熊本だ、札幌ではないよ」「あなたはやはり沖縄だよ」というのをどうやって決めるんですか。

斎藤　何度も申し上げていますように、そこのところは頭を切り替えてもらわないと……。いまは最高裁が一元的に、「あそこへ行け」「ここへ行け」とやっているでしょう。そうではなくて、地域ごとに推薦委員会を選んでやりましょうと言っているんです。だから、その地域の特定のポストの裁判官になるわけです。

●地域性か質か

田原　その地域に裁判官がいなかったらどうするんですか。自由なら、みんな東京や大阪に来てしまって、田舎には裁判官がいなくなってしまいますよ。どうするんですか。裁判官過疎。弁護士が医者のようになれと言ったけれども、医者だって、過疎のところがあって、医者がいない。裁判官がいなくなったらどうするんですか。

保岡　田原さんはいま、いちばんすごいところを質問されたと思います。というのは、今日のシンポジウムの基本は、市民が選ぶ裁判官を考えなくていいかということですが、日弁連の法曹一元構想では、いまの憲法下でいけば、地域の推薦名簿に載った人から最高裁かなにかが指名することになるんです。その推薦名簿に、いい弁護士、あるいはその他、いい社会経験をしてきた人をそこに登載できるかということは、東京は簡単かもしれないけれども、鹿児島はたいへんだとか、そういうことになる。そうすると、やはり弁護士の先生に、自分の収入がよくなるからとか、そういうことではなくて、中坊さんが言われたように、公の立場を考えていただいて、過疎地域にもきていただきたいですね……。

田原　そんなの無理です。食えない地域で、食えない弁護士活動をしろなんて無理ですよ。

保岡　そうではなくて、東京でやっているような、しかも収入もいい優秀な人が、たとえば関東のどこか地方の裁判所の裁判官に指名されれば、それを受任する。そのことを弁護士会がみんなで約束することが、そういうことの大前提になると思っています。だから、弁護士が公の責任を考えて、自分勝手ではなくて、そういうかたちで地方でもちゃんと受けられるようにする。それを受ける覚悟があるかどうかが法曹一元の重要なところなんです。

田原　そこでいちばん聞きたいのは、そうなると明らかに裁判官のレベルが上下してきます。その場合、裁判官のレベルをそろえたいのか、上下してもいいから地域性を重んじるのか、どちらですか。

斎藤　そうではなくて、過疎がどうして起こったかということがまず大事でしょう？　弁護士や裁判所にだけ責任があるのか。社会経済的な問題ではないのでしょうか……。

田原　そんなことは聞いていませんよ。

斎藤　順番にやりましょう。過疎という問題があります。そして、弁護士の世界では弁護士をそろえていく努力はどうしているのかという問題が次にあります。全国の法律相談センターづくり、公設法律事務所（⬇用語解説）づくりとか、いろいろな問題があります。そういうことがあって、そこの弁護士をなるべくたくさん増やして、そこからいい裁判官を選んでいくという制度の努力を、いましているわけです。改革はいっぺんにはできません。

田原　だから、先ほどから言うように、標準を保ちたいのか、あるレベルを保ちたいのか。あるいは地域性、地域の主体性をみたいのか。どちらに力点を置きますかと聞いているんです。両方ということはないでしょうよ。

江田　いまのことだけに関して言えば、私が答える立場ではないかもしれませんが、日弁連の法曹一元要綱試案は、高裁管内の弁護士会連合会に推薦の委員会をつくる。ですから、いちばん小さいところだと、たとえば四国全体のなかにいる弁護士から裁判官を選ぶ。四国と東京というと、かなり東京のほうが大きいでしょうが、それでもかなりの人間のなかから選ぶ。しかも弁護士を三倍とか四倍に増やすのですから、同じような質の人を選ぶことができると思います。

田原　そうかな。いま知事だって、みんな中央官庁が天下りで行っているじゃないですか。（笑）江田さんのところの岡山だって、変な知事が来たでしょう？（笑）だから、江田さんは負けちゃった。知事でさえそうやっているのに、そんなきれい事でいきますか。ぼくはこういう座談会をそういうきれい事で終わりたくないのよ。だから、どっちを選ぶのか。地域の主体性か、あるいはレベルなのか。どっちか、ちゃんと答えてくださいよ。

●キャリアシステムのメリット

浅見　非常に鋭い質問です。キャリアシステムを維持するかどうかにとって、本質的なことなんです。いま審議会で出ている意見でも、日本の司法は等質、統一だというところを非常に強調されている面があります。それが田原さんが言われる水準を均一にして、日本全国に同じような司法を及ぼすという性格なんです。いままでそればかりを追及してきたために、笹森さんが言われたように、市民から浮いてしまった、離れてしまったということになっているのです。先ほど田原さんが言われたように、縁遠くなってしまったというところがあるわけです。それを引き戻してくるためには、やはり地域に生かさなければいけない。しかし、一方でいままでの統一性、等質性、ないしは均質性を全部捨ててしまったらいけないんです。全部捨てると、混乱が大きくなるだけです。

どうしたらいいかというのは、私自身も十分な回答はありません。ただ、今回の司法改革は裁判官をどれだけ変えていくかとか、裁判官の市民的自由をどれだけ許容するのかというキャリア批判とその対策という性格もありますが、ある程度キャリアという官と民が協力しないといけないと思うんです。私たちはキャリアシステムをつくってきて、実はすごくいい伝統もあるわけです。裁判における一定の水準を保つために、裁判官教育をやったり、事実認定の教育をやっているわけですから、そういうものは法曹一元が実現すれば、裁判官になってくる弁護士さんにも伝えていかなければいけない。これはたぶん組織的にやらなければいけません。官の方が、「民が来るなら、もう知らないよ、拒絶するよ。自分らで勝手にやりなさい」ということだと、良き伝統は伝承されずにばらばらになってしまいます。私たちが培ってきた大事なものをちゃんと伝えて、協力して次のシステムをつくることが大切です。そのなかで、たぶん田原さんに対する答えは出てくるのではないかと思います。

田原　ちょっと聞きたいんです。ぼくは何を言いたいかというと、先ほど宮内さんにも聞いたことですが、本音の部分で人間は上昇志向を持っていると思うんです。保岡さんがいまつまらない仕事をしているのは、ゆくゆくは三役になる、あるいはもしかしたら総理大臣になるかもしれない。江田さんだってそう思っているわけで、みんな上昇志向を持ってるんです。芸術家だって大きな賞をもらっていこうと、みんなそれぞれ上昇志向があるのに、裁判官だけ上昇志向を全部切り捨てたら退屈になっちゃう。（笑）何もないんです。

斎藤　上昇志向をどこでとらえるかですね。そういう上昇志向もあるし、いい判決を書いて、みんなから評価される。

本当に良心に従って判決を書くことも、上昇志向の一つでしょう？

田原　だけど、評価されたら給料が上がりますか。

斎藤　そういう問題ではなくて、何のために裁判官になるかという問題です。

田原　そんな建て前は言ってません。

浅見　田原さんのご質問に答えられるかどうかわかりません。たとえば法曹一元だけが絶対ではありませんが、そういうシステムになると、一つひとつのポストが公募されるんです。高等裁判所で一人ポストが空く。そのときに応募するわけです。

田原　ちょっと待ってください。法曹一元で弁護士や学者のキャリアを積んだ人が、一〇年なり一五年たって裁判官になるというのはまったく賛成です。そこはまったく問題ない。問題は、そこで偉くならないということなんです。江田さんだってきっと裁判官に退屈して政治家になったに違いないです。（笑）そうでしょう？

保岡　いま浅見さんが公募制と言われたけれどもまさにそうで、推薦委員会に推薦していただけるという前提があって、そこに希望を出すわけです。だから、私は市会議員に立候補します、私は県会議員に立候補します、知事に立候補しますというように、自分がふさわしいポストだと思うところに立候補して、その資格を、選挙ではないけれども、推薦委員会で判定していただく。

田原　これはまた保岡さんとも思えないことを言っていますね。市会議員だって、次は県会議員になろうと思い、市会議長になろうと思い、できれば次は市長になろうとみんな思っているんですよ。

保岡　一〇年間なんです、一〇年間だけはそれでやる。知事なら三選というみたいに、一〇年間なんです。

田原　同じことです。

浅見　一つだけ言わせてください。弁解になるかもしれませんが、裁判官は、地方裁判所より高等裁判所、高等裁判所より最高裁のほうが仕事自体がおもしろいかというと、必ずしもそうではないんです。高等裁判所に行きますと、一審で大方出てきたいろいろな証拠を見て、つまり事後的にいろいろものを見ていくわけです。ところが一審ですと、次から次へとどんどん出されてくる生の証拠を見ながら事実を組み立てていく。そのなかで世の中の真実は何かと見ていく。家庭裁判所に行くと、お金の問題ではなくて、子どもの問題とか、夫婦の問題とか、非常にナイーブな問題が来る。そこで悩むことは違いますし、やりがいも違うわけです。

だから、裁判官の仕事は、地裁なり高裁なり家庭裁判所なり、いろいろなところにいろいろなやりがいがあり、裁判官としての生きがいはどの裁判所にも絶対にあると思います。だから、上昇志向で、地裁の次は必ずみんな高裁に行きたいとか、家庭裁判所に行ったら次は地裁に行きたいというふうに単線的なものではありません。一つひとつが大事な仕事であり、裁判官も多くはそう思っていると思います。私はいろいろな裁判をやってみて、一つひとつどれもおもしろくてやりがいがあると感じています。田原さんが言うように単線的に、みんな上昇志向があるからうまくいかないというものではないような気がします。

江田　私は今の意見を支持します。（笑）

浅見　ありがとうございます。

4　法曹養成のどこが問題か

斎藤　田原さんから当初出された弁護士の改革、法曹養成の改革についても、今日は日弁連主催であっても逃げずにやろうということになっていますので、そのことについてお聞きしたいんです。まず清水さんから順番に、ユーザーの代表の方にお聞きしたいと思います。弁護士、あるいは弁護士の養成、法律家の養成について、お考えのところがありましたらぜひ忌憚のないところをお願いします。

●全国単一の国営修習で本当に自由な人間が育つのか

清水　私は『日独裁判官物語』をつくる段階で、司法研修所（➡用語解説）の映像を撮らせてくれという要請をしたんですが、あそこも写真を撮らせてくれないんです。家庭裁判所も、私たちの仲間が行ったけれども、撮らせてくれません。ではスケッチならいいかと言ったらスケッチもダメだと言われました。（笑）司法修習所は日本ではあそこ一つで、国の予算で一元的に教育するわけですね。

存じませんでしたが、月給と言ってはいけないんですが、税金からお金が定期的に出ていって、そういうところで教育される。全国単一の国営修習制度というなかでいろいろなことが起こっているというのは、研修所の若い人たちにも何人か聞いたことがあります。市民集会に出ていったり、参加したり、そういうことにあまり興味を持つと、所長さんから呼ばれて、「ちょっと、ちょっと」と言われる。なかには、お嫁さんを世話してあげるとからと言って、情にからめて、あまり違う方向に行かないようにするということも聞いております。本当か嘘かは存じませんが、全国単一の国営修習で本当に自由な人間が育つのかどうか、私はとても疑問です。

非常に具体的なことで申しわけないんですが、最高裁判所は、笹森さんは自由にスッと入れたとおっしゃいましたが……。

笹森 予約してですよ。（笑）

清水 一般市民は予約もできないです。あんなところは絶対に入れません。法廷をのぞけば、特別なところから入らなければいけないということで、すごく閉鎖的なところです。そういう非常に閉鎖的なところで、一年半のあいだに市民のための司法に意義を感じるような人物が本当に育つのかどうか、私はすごく疑問で（拍手）、あそこのところもやはり改革していかないといけないということです。

先日、宮内さんが委員長をしておられる規制改革委員会でヒアリングに呼ばれて、私もいろいろな方のご意見を聞きました。日弁連も私のところにいろいろな資料をご提供になって、事前にお話しにこられました。お話を聞いていて感じたのは、全部が全部とは言いませんが、自分たちはエリートなんだという意識が強いことです。ふつうの人とは違うということをかなり強調されるんです。（笑）そのときに申し上げたんですが、昔、私の子どもが学校に入るときに、父親はどこの大学を出たか、出てないかとか、母親はどうだ、こうだと、両親の学歴を書く欄がありましたが、いまはそんな欄はないです。親がどこの学校を出ていようと、そんなことは関係ないんです。

それから、民間企業のなかでは、すでに出身大学を書かなくてもいいところもあるというふうに社会が大きく変わっているのに、司法の社会だけはかなり変わり方が遅いというのか、変わっていないというのか、（拍手）変わらないことをよしとしているのかどうか、本当に疑問です。

別にドイツがどうだとか、よその企業がどうだ、社会がどうだから司法がこうしなければいけないとは言いませんが、ふつうの常識というものはあるわけで、ここの社会はすごく変わっています。（笑、拍手）宮内さんは聞いておられたと思いますが、隣接職種の人に仕事をもう少し一緒にやってもらってもいいのではないか。それができないのだったら、少数独占は無理だと申し上げました。そのときに日弁連の方がおっしゃったのは、消費者には選ぶ能力がないということでした。（笑）心では思っていると思うんですが、その言葉を平気で言えるという体質がすごく恐ろしいというのか、（拍手）私みたいなふつうの人間にはわからないんです。

そういうことで、もう少し開かれた教育、研修、それから多様な人材が参入できるような道を思い切って考えてほしいと思います。（拍手）

●社会正義は何かを基本的に置いて

笹森 ユーザーの立場からいうと、基本的にいまの清水さんと同じなんですが、社会正義、それからサービス業の両方をきっちりとうまく性格づけをして持ってもらいたいと思います。弁護士にいろいろな依頼をすると、どちらの味方かわからない。（拍手）いちばんひどいのは、労働関係の弁護士の一部の方です。われわれは労働争議を一生懸命相談します。あるとき、労働関係の弁護士が倒産をする会社の経営側についた。そしていろいろな入れ知恵をしたものだから、労働債権も全部なしにして、まったく根こそぎどこかへいってしまった。こちらのことをよく知っているからどうにも取りつく島がない。（笑）これは参ったという話があります。

だから、弁護士というのは、人権を侵した人、侵された人それぞれを弁護しなければいけない。人権の問題からいえばそのとおりですが、やはり社会正義は何なのかというのを基本的においてほしい。

それからもう一つはサービス業です。法曹三者のなかで弁護士のみなさんはいちばん自由な世界にいるはずと思いますが、自由裁量権を非常に持っているなかで、そうはいいながらも閉鎖的なんです。弁護士情報の公開をしない。それからいま清水さんもお話しになりましたが、隣接している部分、弁理士とか税理士、社会保険労務士などと総合的にどうするかというのを考えることが必要なのではないか。「弁護士だけが別格なんですよ」とおいておく必要はないのではないか。そこをうまくできるかどうかというのが二つめです。

それからもう一つは、医者の問題と同じですが、高い国費を払って勉強していただいている。それから司法修習制度も同じことです。お医者さんの場合には、全部ではありませんが、無医村にお医者さんとして着任して、しばらくの間、お礼奉公するというのがあります。弁護士ゼロ地域がどのぐらいあるかわかりませんが、相当数あると思いますので、そういうところに一定期間行ってくる。営利目的のために弁護士をやるという考え方にならないというのを一つ求めたいと思います。（拍手）

それからもう一つは、私どもの世界もそのことで非常に困っているんですが、労働組合ナショナルセンターは一つではありません。ただしこれはイデオロギー的な問題で分かれている部分があります。弁護士の場合、どうなのかというと、いくつか弁護士グループがあって、どういうふうに分かれているのか、私はわかりませんが、利害が一致すると共同集会が開けて、そうでないときは別々だということだったら、ちょっと寂しい。だから、開かれた弁護制度とかサービス、社会的な正義を求めるということだったら、そういう組織も一元化されて、自分たちの役割をどう発揮するかというところに向かっていってもらうのがよろしいのではないか。門外漢ですが、そういうふうに申し上げておきます。（拍手）

●資格試験にすべき

宮内　弁護士の資格制度と定員が両立するか、しないかということも問題ではなかろうか。一〇〇〇人にしろ、一五〇〇人にしろ、ある水準以上の法律の知識がある人には資格を与えるということであれば、初めから合格を何人に決めるということ自体は非常におかしなことではなかろうかと思います。（拍手）現状では資格制度といいながら、定員を決めておりますす。そして、それに対してものすごく多くの人が受験をする。合格率が四％前後と、世界でもっとも難しい試験だろうと思います。そういうところに合格するということは至難の技ですが、本当にすばらしい人ばかりが合格するかというと、そうではないと思います。（笑、拍手）ほとんど通る見込みのないところへ優秀な人はトライしません。だから、どちらかといえば変わった人がそこへ行く可能性が高いんです。（笑、拍手）情操豊かな若者であれば、落ちるのが確実だというところにはトライしないんです。

そういう意味で、資格の授与をする幅をもっと大きくすれば、優秀な人がいくらでも法曹人口のなかに加わるだろうと思います。ですから、資格制度と人数という矛盾する議論があることが一つおかしいと思います。

それから、試験合格後、国費で司法修習をする。いまの弁護士の方々に聞きますと、あれほどすばらしい制度はない、仲間ができて、「あの裁判官は同期だ」という関係ができるわけですが、（笑）なぜそんなことがないと一人前にならないか。そんな職業はほかにはないわけです。資格を取れば、たとえば弁護士事務所で下働きをする。そしてだんだんと経験を積んでいくということで一人前になっていくわけです。法曹資格と司法修習とがぴったりとくっついて、司法修習のキャパシティがないからこれ以上は無理だという本末転倒の論理は、もうやめにすべきです。司法修習制度を国費で、われわれの税金でやっていただくことに対して、私は非常に疑問を持つ一人です。

それからもう一つは、司法試験に通らなくても、実は企業で経済関係の法務をやっている人たちのなかには、弁護士さんよりはるかに知識がある人たちもいます。そういう人には試験に通らなくても資格を与えるという制度にしていかないといけません。たとえばいまの経済関係の事案は大変な数があると思いますが、それに対して専門的な知識を持っている弁護士さんは非常に少ないんです。これもまた需要と供給がまったく一致しないという関係になっていますので、試験に受からなくてもやれるというように制度をもっと柔軟化すべきだと思います。

たとえば、三〇年前に司法試験に通っていたら弁護士になれるというのは、これまた変な話です。（笑）今ではおそらくその後にできた法律がかなり多いと思うんですが、型どおりというか、形式が勝ってしまって、実質的に魂が入っていない。司法は大木だと思うんですが、近寄ってみたら立ち枯れている。（笑、拍手）これがいちばん悲しいことではないかと思います。ちょっと辛口で申しわけありません。（拍手）

斎藤　規制改革委員会の委員長のご発言として、本当に重いものを感じました。日本の司法制度について外国のラムザイヤーとかウォルフレンが言っていることは、日本は司法を必要としない解決方法をずっとしてきたということです。宮内さんは経済界代表として、経済同友会が最初にそのことを言ってこられました。いまもそれを言っておられますが、弁護士を必要としない企業運営がずっと続いてきたということは、外国の批評家も言っているんですね。そういう意味で、先ほどのことに帰るんですが、だれが悪いのかということもありましょうが、弁護士の数だとか、質、養成制度について、もしご意見がありましたら、ご発言いただけますか。

●日本のまあまあ文化とアメリカの司法文化、どちらをとるか

田原　いまおっしゃったことにはあまり異論はありません。ぼくの友人の月尾嘉男さんという東大の教授の受け売りですが、彼がおもしろいことを言っているんです。日本の企業の交際費とアメリカの企業の裁判費がだいたいとんとんだ。日本は何かあると、ともかく飲み屋に行って、いっぱい飲んで、杯を交わして、「まあまあいいじゃないか」といくんです。向こうは何かあるとすぐに裁判所でやる。つまり、飲み屋を儲けさせるのと、弁護士を儲けさせるのとどちらがいいかという話なんですが、(笑)飲み屋でなれ合いというのは、日本の文化のいいところだと思っているんです。このあいだ亡くなったソニーの盛田昭夫さんは、アメリカの弁護士のひどさを言っておられました。とにかく、交通事故に遭うと、おまわりさんが来る前に弁護士が来るというんです。

日本のまあまあという文化と、アメリカの司法と、どこかのところで両面立てたほうがいいのではないかと思います。どこか裁判が多くなるのが必ずしもいい社会ではないのではないかと思っていますが、いかがでしょうか。

●国民、市民にサービスに徹する

江田　飲み屋に払うのがいいのか、弁護士に払うのがいいのかという話ですが、私は民事の紛争は全部判決がいいとは思いません。判決になると実際になかなか取れないとかいろいろなことがあります。和解はずいぶん機能を果たすと思います。ただ、その和解が暴力団によって行われたり、政治家によって行われたり、地域の有力者によって行われたりしたのではいけないので、そこは法律的素養を持った人がちゃんと事件をみて、和解を仲介していく制度があったほうがいい。それは裁判所だけではなくてＡＤＲ（➡用語解説）ということもあるわけですから、やはりいままでのような貧弱な司法サービスではいけない。だから、もっとちゃんと法曹養成をしなければいけないと思います。

その法曹養成とか弁護士のことを一言だけ言いますと、やはり意識のずれが相当あると思います。弁護士のみなさんは、自分たちは市民の側に立って社会正義の実現のためにがんばっているとおっしゃいます。それはそれで、がんばっている人は大勢おられるし、そういう気持ちでやっておられること

は大切だと思いますが、それでもふつうの国民からみたら、やはり弁護士も裁判所と同類だ。どうも自分たちは食い物にされているという意識を持っている部分がずいぶんあると思うんです。(拍手) その点では、弁護士は決して偉いわけでもなんでもない。在野法曹の仕事で国民、市民にサービスをする。そのためにこの仕事を選んでいるんだという原点にちゃんと返ってほしいと思います。(拍手)

●司法はサービス業だ

宮内　私はかつて自民党に呼ばれて、法曹人口を増やすということを申し上げたら、ある国会議員の方から「君たち、何を言うんだ。アメリカのような乱訴社会にしていいのか。日本は弁護士が要らないような社会をつくらないといけない。そのためにわれわれ政治家ががんばっているのに、君らは何を言うか」と言われましたが、(笑) 法曹人口が少なければ、乱訴社会にならないということではありません。最初に申しましたように、社会的紛争はたくさんあるんです。ですから、キャパシティがないことはいけないということです。

それからもっとその下に飲み屋の世界があるんです。それはそれでいいと思います。しかし、いまはもうまったく需要と供給が合わない。だから、サービス業としては何をなさっているんでしょうか。私は司法はサービス業だと思うんですが、であるならもっと社会的ニーズに対してミートするようにするのが当たり前の話ではないかと思います。

●国際化に迫られた司法改革

保岡　一つは、国際化を余儀なくされている日本の将来を考えなければいけない。そういう点では、契約とかルールというなかで、信頼性というんですか、プロセスが公正だから結論もみんなで認め合おうという国家や社会と、これから付き合っていかなければいけない。しかもグローバルに競争しなければいけない。競争にはルールがないと地獄になります。そういうところで日本が知的財産権をめぐる裁判など紛争にいつもきちんと対応できるようにする、ルールもわが国の実情にきちんとフィットするようにする。あるいは訴訟も迅速に解決する。次世代が出てくるのに追いつかないという司法ではどうにもなりません。

日本が将来生きて、元気ですばらしい経済国家になっていくためには、そういうインフラがどうしても必要です。こういう国際化に迫られた司法改革も非常に大きな問題ではないかと思います。

田原　念のためにお聞きしたいんですが、実は今日ここに来るために、日本の企業がアメリカで向こうの企業に告訴されて、裁判になって、どのぐらい裁判件数があって、日本が勝ったのが何割で、アメリカが勝ったのが何割かということを知ろうと思いまして、日本の官庁、まず通産省から始まって、特許庁とかいろいろ聞きましたが、どこにもデータはなかったです。これはどこかにあるんですか。

宮内　それはないでしょうね。

田原　いまどの企業も向こうでやられることはあるわけでしょう？　ところがそのデータを日本の役所はどこもつかんでいないというのは、遅れているというか、そんなものは必要ないんですか。びっくりしました。ないんです。

宮内　アメリカへ進出している企業は、そういう裁判はほとんど経験しているので、企業としては、たとえばテキサス州でやられたら困る。ルイジアナ州は危ないとか、いろいろ考えて、その州のいちばんいい弁護士事務所に駆け込んで、いちばんいい人に依頼できれば勝ちとか、そういうことはノウハウとしてあるわけです。

5 陪審・参審は、導入できるのか

斎藤　もう一つ落としてはならないテーマに陪審・参審問題があります。はたして、陪審制は復活できるのか。参審は実現できるのか。

●アメリカで敗訴する日本企業

田原　先ほどの話の続きですが、こんなこともありました。陪審制度の問題と関係してくると思いますが、実はアメリカで裁判をして、日本の企業がどのぐらい勝っているか、聞いたんです。実はここに日弁連からもらったデータ（丸田隆『アメリカ民事陪審制度』〔弘文堂〕七四頁以下）がありますが、それによると、たとえば、自動車産業では、サンプルとなった二〇四件の訴訟のうち、日本が勝っているのが一〇三件、負けたのが五〇件、全体として、日本の勝率が六三％と出ています。しかし、特許庁で聞いたかぎりでは、日本の企業がアメリカの企業に訴えられるのは、年間に二〇〇〇件以上ある。そして、そのほとんどが和解だといっています。ということは、本質的には日本の企業が負けているわけです。

おそらくアメリカの陪審制の裁判の中で日本の企業がほとんど負けている。これはいったいどう考えればいいのか。問題提起です。

斎藤　日本の企業がアメリカに進出したときに、アメリカの陪審でどうかという問題と、いま私が提起したことも議論していただきたい。日本において陪審をどうするかの問題もです。これは非常に大事な問題なので、私も聞きたいと思っているんです。宮内さん、自民党の提言には陪審もいちおう入っているんですね。ところが、経団連とか経済同友会の意見にはどうして入らないのでしょうか。

●刑事事件はいいが、民事までいくか

宮内　おそらく経済界としては、経済的な問題解決につい

ての関心が強い反面、陪審制度はどちらかというと市民参加という意味で、まだ関心の度合いが比較的低く、積極的な意見が出ていないのだと思います。少なくともこれをネガティブにみているという話を私自身は聞いておりません。ただ、陪審制度で気になるのは、たとえば民事でビジネス関係の裁判になりますと、ものすごく入り組んで、本当にふつうではわからない。裁判官にわかっていただくのも必死で、わかっていただけない場合も往々にしてあります。それを市民参加ということで、民事にまで入れるのかどうか。刑事事件についてはいいことではないかという感じが、個人的にはしております。

●市民の常識で判断する

保岡　先ほど自民党の話が出ましたが、われわれも民事に陪審がなじむかどうかということについては、慎重に考えなければいけないのではないかと思います。ただ、刑事については、裁判官の裁判を受けたいという人の権利を保障するとも重要ですから、選択制を前提に陪審の導入の検討も重要で、陪審での事実関係は市民の常識でご判断いただく。陪審では国民がそこに参加して、責任を持って、社会のこと、犯罪のことを考えることがとても大切です。裁判官はそういうのをずっとながめていて、世の中の市民がどう判断するのかを学ぶ機会にもなるので、非常にいい仕組みではないかと思っております。

●重罪否認事件からはじめる

斎藤　ありがとうございます。日弁連でまとめようとしている案も、そういうあたりから発想しておりまして、重罪否認事件というんですが、短期一年以上の懲役や死刑、無期にあたる罪で、加えて被告人が否認をしている、私はやっていないという事件についてまず導入してみたらどうだろうか。それは年間でいったら二〇〇何件しかありません。そのうち、いま保岡さんがおっしゃったように、自分は職業裁判官だけにやってほしいという場合は、それを選択したらいい。私は陪審でやってほしいという場合はそれを選択したらいい。仮にそれが半分とすると、一年で百何件ということになります。それをいまの裁判所、いまの弁護士の体制でやれないことはないし、大きな事件が起こったらそれなりの特別な体制も取れるだろうという方針を、いま日弁連で固めつつあります（注：その後、日弁連は三月一七日、「陪審制度の実現に向けての提言」を発表した）ので、いまのお二人のご発言とちょうど合ったところです。

●判決理由は誰が書くのか

田原　ちょっと質問したいんですが、いいですか。いま裁判官が民事でも刑事でもいいんですが、ある決定をしたときには、判決理由というのがありますね。陪審制度の場合には、判決理由というのはあるんですか。陪審員が理由をしゃべるんですか。

斎藤　陪審員がやるのは、やったか、やらないかという事実認定です。

保岡　陪審の役割は事実認定で、有罪か無罪か。

田原　そうすると、有罪という理由はだれが言うんですか。

保岡　理由は言わずに、法廷でのいろいろな証拠のやりとりや弁論がプロセスとして記録に残るだけで、結論は理由なしに、有罪か無罪かで出ます。

田原　いまの日本の裁判制度では、裁判官が必ず理由を言いますよね。「有罪、なぜならば」と、これはなくていいんですか。

斎藤　そこがいま最高裁から提起されている一つの論点です。昨年一二月八日、審議会で行った最高裁のプレゼンテーションのなかでも、そのことを最高裁は言っています。いわゆる「ラフジャスティス」といって、そんな理由がないものだったら、たとえば控訴したときに何を争っていいかわからないではないかということも含めて、まずいので、陪審については、導入する必要はないというのが最高裁の考えです。いまから論議をしていただきます。浅見さん、その点はいかがでしょうか。

●裁判の正当性の根拠とは

浅見　正直いって、キャリアの私からは非常に答えにくい問題です。いま田原さんが言われたことに関しますと、裁判の根本みたいなものをどちらに置くかという点で、陪審といまのキャリア制度はかなり違うのではないかと思います。私どもがいまやっていますのは、ある意味で非常に精緻な事実認定をして、判決理由を詳しく書くことです。AならばB、BならばCという経験則を使って、非常に詳しく、細かい事実まで認定していきます。それを一人ないしは三人、最高裁だと五人ないし一五人の裁判官がするわけです。

このように、裁判の事実認定は証拠と論理力が私たちキャリア裁判官による裁判の正当性の根拠になると思います。一方、陪審の場合は、アメリカの場合だと一二人ですか、そういう多くの人たちが有罪と認めたこと、いろいろな人たちが支持したことが事実認定の基礎であり、裁判の正当性の根拠です。そこが大きく違うんです。それが日本で受け入れられるかどうかということで、一八〇度違うのです。正直いうと、個人的には、どこまでいけるのかという疑問もあります。

いま参審制度ということで、裁判官と一般市民の人が一緒に裁判をやろうというドイツ、フランス型の制度も提唱されています。これからどんどん議論していかなければいけないんですが、理由がある、なしというのは、まさに裁判の正当性の根拠としてどちらをとるのかというところが明らかに違うので、どちらがいいのか、みんなで価値判断を議論しなければいけないのではないかと思います。

江田　いまの浅見さんのお話はそうだと思います。一人、あるいは三人の裁判官がいろいろ理由づけ、論理を一生懸命説明する。そのことが大切なのか。一〇人なら一〇人、一五人なら一五人のふつうの市民がこうだと思うことのほうが大事なのか。あるいは被告人で裁判を受ける人が、自分はどちらを選びたいという自由を与えていけないのか、いいのか。そういうことだと思いますが、私は陪審導入推進論者です。裁判官の事実認定能力は一般の人と比べてどれほどすぐれているかというと、大いに疑問です。（拍手）本当にそう思います。まして世間常識がない裁判官、市民的感覚のない裁判官だったら、ますますひどいことになってしまいます。

それからもう一つは、刑事の裁判で、たいへん注目される難しい事件は、裁判官も一生懸命証拠をあれこれ引いて、論理的に理由づけをしますが、一般には刑事裁判の判決は主文があって、理由は罪となるべき事実、証拠の標目、法令の適用で、あとは何も書かなくてもいいわけです。むしろ、最近はもっと簡単になっているのかもしれません。

田原　ぼくがいつも新聞を見て疑問に思うのは死刑と無期です。単純に一人殺したら無期で、二人以上は死刑かと思っているんですが、（笑）情状酌量とかいろいろ理由があるじゃないですか。あれは理由じゃないんですか。

江田　書いていますが、いま一般に刑事事件の一審の判決書はずいぶん簡略化されていると思います。

斎藤　死刑や無期の事件の判決理由は、いまの裁判では非常に詳しいです。かなりきっちり書きます。ただ、浅見さんがおっしゃったように、アメリカでは映画でも小説でも描かれているように、有罪なのか無罪なのかということで、無罪であればそれで終わりということになります。それはその国で、どこに裁判の正当性を認めるか、何に信頼性をおくかということですので、議論をこれから積み重ねていく必要があります。ただ、戦前行われていたということ、復帰前の沖縄で六三年から七二年まで行われていたことは重い事実として、日本人としても受け止めなければならないと思います。

●なぜ、日本の戦前の陪審制度は停止されたか

田原　なぜ昭和一八年に陪審制度をやめてしまったんですか。

斎藤　書かれていることで言いますと、戦争が激しくなってきて戸籍役場の徴兵業務が非常にたいへんな量になってきて、それが陪審員選定事務と両立できないという要望があがったことと、ああいう時代でしたので、刑事事件自身が非常に少なくなっていった。実際にはあったんでしょうが、件数として少なくなっていったという二つの理由で停止したとい

われています。

田原　日弁連からもらった資料（座談会「司法制度改革に何を望むか」ジュリスト一一七〇号）を読んだら、座談会で、松尾浩也さんという人が実は陪審制がなくなったのは、陪審制にいろいろ問題があって、なかば自然消滅に近いかたちで停止したと言っていますが、これは間違いですか。

斎藤　昭和三年から一八年の一六年間に四八四件の陪審裁判が行われました。陪審を選択してこの件数をやったということをどうとらえるかという評価にかかわってきます。先程の人はそれを過少評価していると思います。

●行政事件ではメリットがある

江田　陪審で、いまみなさんは刑事陪審のことをだいたい言われていますが、民事でも、いまのような状況だと、行政事件訴訟（⬇用語解説）は陪審のほうがいいのではないかと感じます。（拍手）

田原　賛成です。

浅見　しゃべるというより質問なんです。陪・参審でご主張はよく理解できるんですが、先ほど言われた民事で、行政事件の場合は陪審がいいというご意見が江田さんからありました。実際、私が仕事をしていますと、行政法の分野は実体法とか手続法の問題がかなり大きくて、事実認定以上の制約が私たちにすごくあるような気がするんです。情報公開条例のように、法が整備されれば、前向きな判決が多数出ている分野もあります。だから、いろいろご批判があって、それなりに受け止めているところもありますが、法律を変えないと、陪・参審だけでは解決できない問題が起きるのではないかと思うんです。そのへん、ちょっとご示唆をいただければと思います。

江田　陪審のことで行政事件にと言ったのは事実認定の問題で、どうもやはりふつうの市民からみると、弁護士がいくらついていても、行政事件については、事実の問題を争われるときに、行政側が言うことのほうが正しいと裁判官が初めから思ってしまう。（拍手）そういうふうにみえているということがあると思います。それからもう一つ、いまの法律問題について言えば、先ほどの中坊さんのお話にあった当事者適格とか、訴えの利益とか、ああいうところで入口を絞って、門前払いをする。あれでは行政に対する市民の不服を裁判所が裁く立場になっていかないと思います。

斎藤　行政事件訴訟法にはずいぶん大きな問題点がありまして、いまおっしゃった二つ、原告適格と訴えの利益もありますが、裁量の問題があるんです。行政庁に裁量を認めて、裁量権のかなりの濫用がなかったら違法としない。根本的な訴訟法自身にも問題があるので、先ほどビデオ（「市民の司法へ――日弁連の司法改革ビジョン」）でも申し上げましたように、そこの改正をやらなければいけないという問題を日弁連は改革課題の一つとして掲げております。いまの状況のもとでも、行政事件には陪審のほうがいいではなかろうかという認識に、日弁連の担当部局も徐々に立ってきております（注：三月一七日に日弁連が発表した「陪審制度の実現に向けての提言」で、市民参加が相当と考えられる一定の行政事件への陪審制もしくは参審制の導入の検討を提言した）。

江田　もう一つ簡単に。私は裁判所にいるときに、裁判所のお金というか、国民の税金でイギリスに留学させてもらって、二年間、イギリスの行政法を勉強したんですが、日本の行政法と欧米の行政法は体系が全然違うんです。やはり日本が国民主権に変わったというなら、「憲法は変わる、されど行政法は変わらず」なんて言ってのほほんとしていたのではいけない。行政法体系全部を変えなければいけないという気がしています。（拍手）

6 司法制度改革審議会に期待すること

斎藤　さて、ずいぶんと問題点を出していただいておりまして、いま行われている司法制度改革審議会という非常に重要な舞台に対して、それぞれのパネリストの皆さま方から、これだけはしろとか、あるいはこれだけは変えよという点をお話しいただきまして、終わりにしたいと思います。

●改革は官民協力で

浅見　審議会に期待するところは非常に大きくて、現在進められている人的な問題と制度的な問題の両方でかなりの改革案が出ることを期待しています。特に、人的な問題では、法曹養成改革、弁護士改革で息切れすることなく、その先の裁判所、裁判官の改革にもぜひ切り込んでいただきたい。それで、何に期待するかという問題のほかに、どういうふうにみんなが取り組むかということで、最後にみなさんにお願いしたいことがあります。今回の改革は、日本社会が変わるために、司法が変わらなければいけないという点で非常に大事なんですが、先ほど田原さんが問題提起されたように、等質性、統一性と、地域性、分権性の兼ねあいの問題があって、前者から後者へ今後かなり移行しなければいけないけれども、過去のこと、すなわち等質性、統一性を追及してきたことによる積極面を全部捨ててはいけないという感じもしています。

キャリアの立場から言うのではありませんが、営々と培ってきた日本の司法のよさみたいなものは、新しい制度になってもきちんと伝えていかなければいけないと思っています。

その意味で、正直いいますと、いろいろ議論の過程で、裁判所の意見、つまり官の意見と、弁護士会等の意見、つまり民の意見とがぎくしゃくするというか、すれ違っているというか、そういう対立構造の部分がかなりあるような気がします。

今日は、宮内さんとかユーザーの方が来られていることで象徴されているように、今回の改革は、ユーザーの方からの意見を基本に改革案を組み立て、官のほうが培ってきたこともちゃんと伝えることが大切です。そういう意味で、官も民に協力して、次の司法を築くところが非常に大事ではないかと思います。ちょっと抽象的な言い方になりますが、不毛な法曹一元反対というだけで、特に裁判所が対応してしまってはいけないのではないかと思います。いまの司法の大きな改革に官民協力することが不可欠ではないかと思います。

今日は最高裁判所の方も多数来られていると思うんですが、ぜひ最高裁でもそのへんを検討していただきたいと切にお願いしたいと思います。よろしくお願いします。（拍手）

●三権分立の基本が司法のなかできちんと守られていない

清水　たいへん忙しいスケジュールで難しいことをやっているので、委員の先生はたいへんだろうと思います。少しずれますが、私はかなりていねいに議事録を読んでいるんです。それでとても気になりますのは、司法の実情を直接知っている、もしくは知り得る立場にある利用者からの意見をもっとていねいに聞かなければいけないのではないかということです。（笑）何々の代表という肩書きのある人がヒアリングに出ておられますが、肩書きがないけれども実情はいちばんわかっている人の意見をもっと聞くべきだと思います。（拍手）なぜかというと、現状を正しく認識することなくして、改革はあり得ないと思うからです。ですから、改革の方向は、現にかかわっている市民の意見をぜひ聞いていただきたいというのが一つです。

それから、こんな忙しいスケジュールのなかで、これだけ難しいことをあと残り一年半でやっていくわけですから、たいへんだろうなと思いながら議事録を読んでいるんですが、全体が個別具体的なところに入り込んでいて、国全体のなかで司法の位置づけが非常に弱くなってきている、それは憲法に照らしてどうなのか、といった、議論はあまりされていないみたいなんです。私はむしろ、そこのところにエネルギーを過半数使えば、あとはおのずから出てくる答えだろうと思うんです。それをやると、あの一三人のなかの意見がばらばらになってしまうからやれないのかなとも思いますが、いま憲法に照らして、三権分立の基本が司法のなかできちんと守られていないから問題が起こっている。（拍手）そこをどう解決するかという議論が、いままでの議事録のなかでは読み取れない。その二点です。（拍手）

●事務局主導型を徹底的に排す

笹森　審議会とか公聴会という性格のものが一つあるんで

す。私も審議委員とか公聴会にいろいろ出ます。このあいだの公聴会では、年金問題で自民党にたいへん怒られていますが、抗議のために途中退席したこともありました。どうしてそんなことを言っているかというと、たとえば政府の税制審議会と自民党の税調があります。政府の税制審議会は各層のいちおう有識者と言われている人たちが集まって、同じような時間で論議をして、決めて方針を出す。しかし、優先するのは自民党税調です。どちらがどうなのか。本来的には、もし政党主導型というのだったら、審議会をそこに持つ必要はない。だけど、これは変わらないんです。

同じように、メンバーの構成は公平な構成になっているかどうか。一つは人数の問題もあります。公・労・使という設定をするとすれば、これが三者対等でなければいけませんが、三者対等になっているのは労働省が設置する審議会だけです。労働の現場に直接かかわるから、三者が公平にやって、数が対立したときには分かれるようにしておく。ところがほかの省庁がやっている審議会は、その省庁が選定する委員が圧倒的に多いんです。たとえば政府税調の場合には、労働側は二名です。約四〇人ぐらいいますから、いくら意見を言っても通らない。よほどがんがんやらない限りは議事録にも残らないという感じです。

ですから審議会の性格そのものをどういうふうにするか。なぜそんな構成にしているかというと、事務局主導型なんです。その省庁が設置すると、方向性をここに持っていきたい。だから、いろいろな論議はさせるけれども、論議をした結果、ガス抜きにする。だから、省庁の隠れみのといわれるような審議会のかたちがいちばん多いんです。

今度の司法制度改革審議会はそうさせてはいけません。幸いなことに、報告にもありましたように、一三名中一〇名が直接司法に関係していない民間人という登用になっています。だから、ここのところは法曹三者以外の方々が入ったということで、「市民」という言葉なのか、「国民」という言葉なのかは別にして、一般的な人たちの意見が取り入れられるのではないか。その性格をきわめて大事にしてほしい。だから、そのなかでは、事務局がある方向性を決めて、結論づけに持っていくような論議には絶対させない。私どものほうから副会長を委員に出していますから、徹底的にそういった対応をしてもらいたいというのを要請しています。

それからもう一つは中身の問題です。司法制度の改革ができるかどうか。先ほど冒頭に申し上げましたが、名称に「改革」という言葉を入れた。それは現状、直すところがあるから改革するんだ。そうなると、直すとか変えることに対して、消極的なアプローチは絶対にいけない。委員の人はたいへんだと思いますが、積極的なアプローチをする。その論議をたたかわせる。そして、それを広く市民にも積極的に公開し、市民からの意見も取り入れていく。その意味では、審議会の内容がインターネットで公表されていますが、一般的な人たちはほとんど見ないですから、もっと一般の人の目につくように広報していくことも大切です。

私どもは労働組合の立場で、専門家ではありませんが、いちおう法曹一元の問題と陪審・参審制の問題については、日本型版を導入すべしという結論のなかで、いま対応させていただいております。（拍手）

斎藤　ありがとうございます。いまのインターネットの公開とともに、『月刊司法改革』（昨年一〇月創刊・現代人文社刊）という雑誌が出ていまして、それに全文載っております。

●民主主義の基本を守らない司法制度にノーを

宮内　今日の議論のなかで、この審議会に対する期待はすべて出たのではないか。そういう意味で、私は本当に司法制度を変えていってほしいということだけを付け加えさせていただきたいと思います。

ついでに、今日出なかった問題で気になって仕方がない問題は最高裁判所の問題です。最高裁判所は司法でいうと終点ですが、そのなかで、最高裁判所は日本のすべてのシステムに対して責任を持つということだと思います。日本のシステムは何かというと、民主主義だと思います。それでは、民主主義のシステムのいちばん根源は何かというと、やはり一人ひとりの権利が同じであるということだと思います。それにもかかわらず、実は最高裁判所では、一票の価値に対して、いままで理解しにくい判決が出ています。一票の格差が三対一なら合憲で、五対一なら違憲だ。これは日本の民主主義といういちばん基本のシステムを否定しているのではなかろうか。（拍手）最高裁がずっとこういう判決をし続けていることは、司法に対する信頼をもっとも揺るがすことになっているのではないか。

これに対して、ではどうしたらいいか。釈迦に説法ですが、一五人おられる最高裁判事のうち、八名、過半数が判事、検事のご出身であって、この過半数の方はこういう基本的な問題についてはつねに保守的な判断をされます。違憲の判断をされる方はほとんど弁護士出身、学者出身、その他行政官ということで、これらの人たちに対してはいつも拍手を送っているんですが、一票の格差をなくす、一人ずつの権利は一緒であるという民主主義の基本を守らない司法制度に対して、本当にこんなことでいいのだろうかという思いがあります。

これに対して、きちんとしたチェックをしないということ自体が政治の怠慢ではなかろうかと思います。（拍手）これがない限り、日本が民主国家として育っていかないと思います。今日触れなかった点の一つです。

もう一つ、触れなかったことでものすごく小さなことがあります。実は裁判の透明性という意味で、判決はいったいどこに行ったら見られるのかということです。なかなか判決は手に入らないと聞いて、ちょっと調べてもらいましたら、昨年、最高裁で判決を出したのが民事・行政事件で四〇三五件あって、そのうちホームページで公開したのは八一件ということです。最高裁でこのレベルですから、下級審の判決はいったいどこへ行ったらわかるんだろうか。裁判の判決をしたら、それを国民に出さなくていいんでしょうか。細かいことで申しわけありませんが。

斎藤　最後の点はそのとおりで、アメリカでは業者と提携してですが、地裁の判例は次の日にはインターネットで見られるし、最高裁判例は、出た五分以内に登載されます。情報公開のすごさはたいしたものだと思います。それから、みなさんもお感じになったと思いますが、宮内さんは司法制度改革審議会の委員に入るべき最右翼と言われていたわけですが、なぜか、だれかが入れなかったという論文が出ています。私も書いていますが、（笑）そういう方のご発言として重く受け止めました。

ちょっと順番を変えさせていただいて、保岡さんは自民党の司法制度調査会の会長ですが、司法制度調査会は非常なスピードで審議会よりも早め早めに各論点を論議されて、聞き及びますと、三月、四月ごろには一定の報告書もまとめると聞いております。そのへんのご意図と、審議会に対する見方を少しお話しください。

●日本の将来のために協力して改革を

保岡　冒頭に申し上げましたように、二一世紀には、行政中心で国づくりや国民とのいろいろな生活を築いてきた日本では生きていけない。これは建て前ではないかと田原さんに怒られましたが、われわれは二一世紀に責任を持つ与党として、司法改革に挑まなければいけない。しかもそれもギルド的な法曹三者の技術的な、専門的な問題ではなくて、国民の目線で二一世紀の司法のニーズを見極めよう。なぜそういうニーズが出てきたのか、社会の変化も見極めよう。そういう本質に根ざして、日本の和の精神という伝統の文化もあるし、いろいろな日本のよさもあるけれども、国際的に生きていける、世界からみても「すばらしい司法だ。日本はいい司法を持っているね」と言われるような司法をこの際つくろう。

それには、この問題はなんといっても弁護士と一緒にやらなければ解決しません。臨司（➡用語解説）のときには、法曹一元がいい制度の一つだと評価されながら、前提条件がいくつか付せられて見送られたんですが、弁護士側が猛烈に反発したのか、がっかりしたのか、以降、本当に司法改革が頓挫してしまいました。それで、やはり弁護士会の先生方と共通の認識を持ちながら進めなければいけないということで、提案をとりまとめるにあたり開催した二六回の自民党の司法制度特別調査会にすべてご出席をいただきました。いままでは国会議員も司法のことに出てきて議論しなかったんですが、だいぶ出てきたのは世の中の変化だと思います。そういうことで、一緒に土俵をつくってきました。

右から左まで、意見はいろいろあると思いますが、やはり日本の将来のために協力していかなければいけない。知恵を出し尽くさなければいけないという意味で、いま調査会の中に五つの小委員会を設置しています。たとえば今通常国会で従来の四倍弱程度の司法予算を要求して、民事の法律扶助についでは思い切った制度改正の審議を願っています。

それに先行して、当番弁護士とか国費による被疑者弁護制度（⬇用語解説）とか、弁護士会からも提案があります。そういうものも含めて、起訴前、起訴後の被告人の国選弁護も含めて、弁護士の方にもいろいろなガイドラインを求めて、裁判の迅速性にもご協力をいただく。刑事、民事合わせた、しかも弁護士会がいろいろなさっている少年の付き添いの提案とか、所得階層も二割からもう少し広げろというお話とか、いろいろな改善をそのなかに盛り込んで、総合的な法律扶助機関をつくろうではないかということを今通常国会中に提案します。これは杉浦正健さんが小委員長ですが、杉浦構想を出して、司法制度改革審議会にご検討をいただく一つの参考資料にしたいと考えています。

最終的には、江田さんや、各党と協議して、国会で法律というかたちで制度をつくります。われわれは国民の代表ですから、骨太に「この国のかたち」、そのなかでの司法のあるべき姿をきちんと方向づけよう。民事法律扶助、あるいは新しい争訟解決を支援する制度などは、弁護士会もがんばろう、みんながんばろうという一つのインセンティブになるので、われわれはそれを大事にして、こういうことを含めて、司法改革を現実のものにしていくために、がんばっていこうと思っております。（拍手）

斎藤　江田さんは野党第一党の代表ですし、ネクストキャビネットの司法大臣、次の内閣が民主党に移れば、司法大臣になる、法務大臣になるということを位置づけてやっておられる方ですので、いまの自民党のご提案に対してものを言っていただくという意味で、一言お願いいたします。

●法曹一元、陪・参審は是非実現を

江田　冒頭にもちょっと申し上げましたが、党が違うからなんでも反対というつもりはありません。自民党というのは、その意味ではなかなか大したもので、いまどういう世論の傾向にあるかというのをパッとつかむ能力をかなりお持ちで、この間ずいぶん議論をされて、取り組んでおられることに敬意を表さざるを得ません。その間、野党は何をやっていたかというと、いわゆる政党再編というんですか、くっついたり離れたりというのを繰り返してしまったわけですから、正直、遅れをとったと思っております。

しかし、やっと間に合いました。これからは負けません。切磋琢磨をしながら、民主党としても司法改革の議論に取り組んでいきたいと考えています。政権を取ったらどうなるのかわかりませんが、私はいま司法ネクスト大臣というポストで、このチームのなかに司法制度改革プロジェクトチームをつくりました。私が座長に座って、法曹養成とか一元の問題とか、三つほどのグループに分けて議論を進めていくことにし、すでにいくらか進めています。

それから、昨年暮れの段階ですが、司法制度改革審議会にいくつか論点追加の提案をいたしました。先ほど宮内さんが最高裁のことをお話しになりましたが、最高裁がなぜこうなったかというのは、政権交代がなかったところに実は大きな原因があるのではないかと思っております。つまりいつも同じ政権が同じ種類の人を最高裁判事に任命し続けてきたということです。それはちょっとおいて、最高裁の裁判官一五人が全部六〇代半ば以上の男ばかりというのは、グロテスクというと言いすぎですが、やはりもっと女性が入っていかないといけない。（拍手）最高裁のジェンダーバランスを論点に加えてくれと言ったりいたしました。そのほかにも、司法制度改革審議会にこれからもいろいろとかかわっていきたいと思っています。

そうはいっても、司法制度改革審議会に心配をしています。暮れにまとめられた論点整理はなかなか気迫にあふれていて、「オッ、やるんだな」という感じはしましたが、今年になって、実際に始まってみると、あんな調子でいくと法曹一元、陪・参審はどこかへ忘れられるのではないかと不安になりました。中坊さんが法曹養成のところが登山口だから、これからそこへ登っていくんだと言われましたので少しほっとしていますが、まだ本当に不安はぬぐい切れません。いまの保岡さんのお話を聞いているとたいへん心強いので、ここでぜひ保岡さんに提案ですが、本当に法曹一元とか陪・参審とか、司法制度改革審議会が途中でしぼんでしまったら、これは政治のほうからそんなことではダメだと言って乗り込んでいかなければいけないという気がしています。

総じてキャリアシステムが本当にここまで干からびてしまった。私は裁判所にも身を置いたことがあるし、司法というのは司法のなかで変わっていくのでなければいけないとずっと思っていたんですが、もうこれでは変わらない。だから、ここは政治が何かしなければいけないところだ。ただ変なやり方をしてはいけない。清水さんが言われるとおり、国民主権のもとの裁判所でなければいけません。裁判所は戦後改革のなかで変わってなくて取り残されていますから、国民主権のもとの裁判所をどういうふうにつくるかということに目標を据えてがんばっていきたいと思っております。（拍手）

●政治の責任を自覚して

田原　本当は初めに言わなければダメだと思うんです。（笑）わりにみなさんが最近好んで使われる「官から民へ」という言葉は、耳ざわりはとてもいいんですが、私はインチキだと思っています。つまり、官とは何かというと、われわれは仕事で忙しいから、役場の戸籍係とか、そんなことはできないわけです。だから、われわれが税金を払って雇っているわけです。官僚は大したことはない。われわれが雇っているんです。その代わり、いろいろな仕事をする。ところが雇っている官僚が悪いことをする可能性はものすごくあるわけで、悪いことをするか、しないかというのを見張るのが立法府なんです。もともと議員はそうなんです。私たちが「官から民へ」と言うのはいいんですが、江田さんや保岡さんが「官から民へ」と言うのは、「ふざけるな」と言いたい。つまり、官中心になったのは、政治が見張りの役をちっともやってないということなんです。（拍手）で、この場合の「民」というのは嘘に決まっているんです。政治家が「民」なんてことを本気で言うわけがないですから。（拍手）

もう一つ、この審議会で私が非常に不安なのは、いままで審議会でやって、改革的なことができたためしがない。たとえば、選挙制度改革についての審議会がありました。結局、あれはマスコミを取り込んで、小選挙区制にもっていこうとするための自民党の野望にマスコミが愚かにも乗っけられた。（拍手）それから、行革の委員会というのがありました。はっきりいって、行革は役人の数を減らすんだと思います。橋本さんはいろいろ力を入れたけれども、結局、役人の数は減らないで、なんと省庁の数が減っただけです。こんなものをやっても何も意味がない。（拍手）

それから今度、地方分権法ができました。地方分権法でいちばん大事なものは何かというと、ただ一つです。いまは税金の地方が三割、国が七割だ。これを五対五にするとか、この割合をどう変えるかというのが最大の問題だと思います。（拍手）ところが金の問題についてはまったく触れなかった。ようするにかっこうだけで、中身はからっぽなんです。だから、そういうふうにしないように、この審議会は、本当に中身をちゃんと出してほしいと思います。

それから、江田さんや保岡さんは、気楽に「官から民へ」と言わないで、政治の責任をもっと自覚して、反省してほしいと思います。（拍手）

保岡　田原さんから激励を込めて鋭く言われましたが、私も自民党がこの案を示したときに、実は日弁連のシンポジウム（一九九八年一一月、第一七回司法シンポジウム）に行ったら、会場の参加者から「自民党が言うのだから、きっと裏がある。民なんて言っているけれども嘘だ。何か魂胆があるはずだ」と言われました。しかし、その後、一緒にいろいろ議論しながら、「みんなでいい知恵を出していこうね。立場は違うが、目的は同じね」ということでがんばってきました。実は官をチェックするのは政治の役割ですが、いままでは本当に、政治家も国民もみんな官僚になんでも注文し依存して、そこで答えを求めていくスタイルに慣れてしまっていました。もうそれは限界なんだということを認識しないといけませんね。

田原　国民じゃない。政治家がです。特に大蔵省、通産省、政治家はみんなそれのスポークスマンになっちゃった。

保岡　欧米モデルがあったから、マネージメントが必要なかった。そこにいいものをどんどん積み上げていけばよかったので、政治家も楽をして注文だけつけていたんです。ところがいまは欧米モデルがなくなってしまって、政治がマネージメントをしなければならない。縦割りですから官僚にできっこない。だから、政治がやはりリーダーシップを取る。しかし、現状に苦しむ国民の知恵と工夫から政策を立案して、政治が主導しようというのが、われわれが努力しているポイントです。

そういった意味で、行革の話も出ましたが、本当に平成一二年から公務員を一割減らそうというんです。しかし、司法という点だけは質、量とも充実だという大きな政治の方向づけをしないと、司法改革は成功しません。予算もがんばらなければいけない。そういったことで、たとえば財革法というのがあって、予算のガイドラインを決めたときも、司法の予算はその他の予算というところに突っ込まれてしまって、めりはりがついていないんです。その他の予算というのはどうなっていたかというと、前年より低くして、できるだけ少なければ少ないほうがいいというところに入っていたんです。

そういうふうに司法は影が薄かったんです。しかし、これからは審議会と一緒になって、江田さんたちみんなと一緒になって、みなさんの知恵と工夫を将来の日本に結びつけるようにがんばりますので、田原さん、よろしくお願いいたします。

●キャリア出身者も司法改革に参加したい

浅見　いまの議論は興味深く聞かせていただきました。最後に、「官から民へ」ということの是非みたいなことが議論になっていますが、私たちキャリア出身者も今回の司法改革をぜひ前向きに考えたいと思っています。PRになりますが、三月に、私たち日本裁判官ネットワークの主催で、キャリアの裁判官がキャリアシステムをどう考えるのかというシンポジウムを東京でやりたいと思っています。ご関心のある方はぜひ来ていただきたいと思います。みんなでキャリアシステムをどうするのかというのを考えたいと思っていますので、この場をお借りして紹介させていただきました。（拍手）

●きちんとした労働裁判の実現を

笹森　中坊さんの熱意はものすごいんですが、一三名の審議会の委員中、やや少数派なんです。私のところと清水さんのところは中坊さんを応援しているグループですが、残りはちょっと違う。そうなると、今日のこういった感じを、もっと国民世論を喚起してぶつけていかないと間に合わないので、お願いしたいのは、宮内さんのところの経済界が少しバックアップしてくれると非常にいいのではないか。数的にはそういうことになると思います。（拍手）

それからもう一つ、特に弁護士会の人たちにお願いしたいのは、先ほどいろいろな注文が付きました。この審議会の結論を待ってから自分たちの体質とかいろいろなことを変えるのではなくて、先ほど言われたことのなかに、今日からやれることがあるはずですから、ただちに改革をするところは自ら先にやってみてください。（拍手）これが二つめのお願いです。

それからもう一つは、私ども労働組合の立場からすると、一億二五〇〇万人のなかで、給与をもらって生活をしているいわゆるサラリーマン世帯が八一・五％です。この人たちがいまきわめてきつい状況にあって、連合の力が弱いと、田原さんによく怒られていますが、このなかで八割を超す給与生計世帯の人たちが、個別の労使紛争、労働争議のなかにものすごく増えているんです。しかし、それを解決してくれるところがありません。ですから、いまの法曹三者にもう一つ、そこに機能を持たせてもらって、労働裁判ができるという場所をぜひつくっていただきたい。そうしないと、サラリーマンがつねに泣き寝入りするいまの状況がそのまま続いていくと、もっともっと広がるということですから、全体の改革に合わせて、そのこともぜひお願いしておきたいと思います。（拍手）

斎藤　終わらせていただいてよろしいですね。パネリストの皆さま方のご発言はこれで締め切らせていただいて、最後に今日の全体の総括を、日弁連のほうでさせていただきます。元東京弁護士会会長で、現在日弁連司法改革推進センター委員長の堀野紀より簡単にさせていただきますので、よろしくお願いいたします。（拍手）

●国際水準に匹敵する司法をつくり上げていく努力を

堀野　時間が残り少ないこともありますが、内容的にも今日のすばらしいパネリストの方の明晰なご発言を私がまとめるのはきわめて野暮なことだと思いますので、今日の生のままの討論をそのまま家にお持ち帰りいただいて、周りに広めていただければと思います。それが第一です。

それから、一つだけお話ししておきたいことがございます。今日、私はまとめの役目をするということで、あちこち資料をめくっておりましたところ、私のごく親しい弁護士が担当した事件について、その人のコメントが出ておりました。その弁護士は、陪審とか法曹一元について、特段の発言や活動をしてきた人ではありません。しかし、たとえばこのような事件について市民のみなさんがもし陪審員として参加されたら、どんな判決をされるだろうかということを考えました。それから、ここにおられる弁護士の皆さんが、もし法曹一元の裁判官として裁判官になった場合には、どんな判決をされるだろうかということが、思わずといいますか、つい頭の隅をよぎったわけです。

一月二八日に最高裁の第三小法廷である労働事件の判決がありました。原告は女性の労働者で、被告は大手の音響メーカーです。ちょうどここに経営側の宮内さんがいらっしゃるし、労働側の笹森さんもいらっしゃるし、最高裁の方も見えているというので、ちょっと言いにくいんですが、どちらが正しいとか、そういうおこがましい立場から言うのはなくて、こういった事件はどう考えればいいのかということで、一例だけ挙げさせていただきます。

原告は品川区に居住し、勤務先の目黒区から八王子へ配転命令を受けた女性です。若いご主人と保育園の子どもさんがありました。そして、目黒区から八王子への配転を拒否したために解雇されました。この事件の判決が一月二八日にありました。提訴から実に一二年目の判決です。まずこの長さに私は驚かされました。先ほど笹森さんも言われたように、労働事件は時間がかかるということについての一つの例証だろうと思います。

問題は中身です。最高裁の判決は、基本的にはこの家族が負う不利益は必ずしも小さくはないが、なお通常甘受すべき程度を著しく超えるとまでは言えないというのが結論で、そういう配転には応じるべきであったという結論です。この程度の配転を拒否して解雇されたのはいたし方ないという判決でした。これについて、私の友人の弁護士は、かなり詳しいコメントをしております。この五人の裁判官のうちに、名前は申しませんが、一人弁護士出身の裁判官も含まれておりました。

この事件で問題になったのは、この家族には三つの選択肢があったということでした。一つは家族全員で八王子へ移る。二つめは、本人自身が長距離通勤をする。つまり、お母さんが長距離通勤をする。三つめは、お母さんが子どもを連れて八王子へ転居する。このなかで、家族全体が転居することについては、夫が外資系の通信関係の港区にある会社に勤務していて、一年間の出張が延べ一九回、八七日、うち海外が九日と非常に多忙な会社に勤めているので、港区に勤務先のある夫とともに全員が転居することは不可能だ。これはだれでもわかることだと思います。

それから、二つめの選択は、ご本人だけが八王子へ長距離通勤をする。その場合には、二次保育の問題が生じます。つまり、通勤時間が長いですから、当然、子どもさんには二次保育が必要だ。その問題が解決可能であったかどうか。高等裁判所は解決可能だったという判決をしたようです。三つめの、本人が子どもさんを連れて八王子へ転居する。これは家族三人ばらばらになることを意味します。そういう三つの選択肢があったというなかで、弁護士出身の裁判官も含めて、結論的には多数意見に同調したわけで、いま言ったような結論が出ました。

ただし、この裁判官は最後にこういうコメントをつけております。五行ぐらいですので我慢して聞いてください。「近時、男女の雇用機会の均等が図られつつあるとはいえ、とりわけ未就学児童、つまり保育園児を持つ高学歴とまではいえない女性労働者の現実におかれる立場には、なお十分な配慮を要するのであって、本判決をもってそのような労働者であっても、雇用契約締結当時、予期しなかった広域の異動が許されるものと誤解されることがあってはならないことを付言しておきたい」。つまり、こういう判決はするけれども、自由にやっていいという意味ではないという意見をつけています。

私どもの身の回りには、リストラの問題を含めて、こういった問題が非常に大量に起ってくるでしょう。労働者と経営だけではなくて、経営同士、その他、いろいろな分野で、近隣同士にも起こるかもしれない。そういう問題を解決するために、司法は応えなければならない。納得できる内容で、早く結論を出す必要があることを痛感します。今日のみなさんのご発言は、その点ではまさに一致していたのではなかろうかと思います。ただ、それぞれのお立場から強調された点がいろいろあったかと思いますが、私はこの審議会を軸にして、この機会にこそ、国際的にも恥ずかしくない、司法をつくり上げていくという方向で努力しなければならないのではないかということを、今日のパネルディスカッションを聞いて痛感したしだいです。

たいへん主観的なまとめになりましたが、どうかお許しいただきたいと思います。今日はみなさん、どうもありがとうございました。(拍手)

司会 最後に、主催者を代表して、東京弁護士会会長飯塚孝から、閉会の辞を申し上げます。(拍手)

飯塚 主催者を代表いたしまして、最後のご挨拶を申し上げます。本日はわが国の司法改革のゆくえを討論するということでこの会合を開かせていただきました。当初、一一〇〇名の会場が埋まるかどうか、非常に心配しておりました。しかしながら、二五〇〇部用意したパンフレットがすべてなくなりまして、お帰りになった方々も大勢いると聞いております。会場に来られている方々で、もしそういう人々が知人にいらっしゃったら、お詫びをしておいていただきたいと思います。

また、本日パネリストとしてご出席をいただきました先生方、本当にお忙しいところ、ありがとうございました。厚くお礼申し上げます。(拍手) 本日、いろいろ本音の議論を聞かせていただきました。司法制度に関して、これほど市民とのあいだで議論された集会は初めてではないかと思っております。本日問題にされたいろいろな事項、特に弁護士および弁護士会に対してのご注文につきましては、私たちは真剣に取り組んで解決に向けて実行しているつもりでおります。

先ほど、清水鳩子さんからもお話がありましたが、『日独裁判官物語』という映画をご覧になった方がいらっしゃると思います。この映画は、一九九九年の日本映画ペンクラブ非劇場部門のベストワンに決定されました。そして、三月には文化庁から平成一一年度優秀映画賞を受賞することになっているそうです。この映画の撮影の際に、この映画の「製作・普及一〇〇人委員会」の代表として、鬼追前日弁連会長が最高裁の撮影を申し込みに行って拒否された場面が映像として残っております。最高裁の建物は国民の血税で建築されたものですし、また中にいる裁判官も事務官もすべて私たちの税金から給与が払われています。こういうことは当たり前ですが、具体的な危険性のない撮影ですら最高裁は拒否してきました。これは司法権が国家権力の行使ということのみしか頭にないところに原因があるのではないかと思っております。

司法権の行使も国民主権に基づくものであり、市民のための司法が実現してはじめて市民は裁判に納得するということがいえると思います。もちろん、ほとんどの現場の裁判官が、個人的には法律と良心に従って裁判をしていることは否定するものではありません。しかし、最高裁判所を頂点とする裁判官のキャリアシステムが、ときには市民感覚から離れた判決を下していることも事実です。それを是正するには、司法に市民が参加する、官僚裁判官制度を制度的に市民の司法に改革する必要があります。私たちが言う法曹一元や陪・参審制度の導入が望まれるところです。

ところでみなさんもご承知のとおり、四月から成年後見法や良質住宅供給促進法が施行されます。また多重債務者のための特定調停法も一昨日（二月一六日）から実施され、民事再生法も四月から施行されます。いろいろな経緯があるにしても、国会で定められた国民生活にかかわりのあるいろいろな法律を市民が利用する機会をつくるのは、身近な法律実務家である私たち弁護士の責務です。私たち弁護士は、この責務を十分に認識し、弁護士人口の増加や法曹養成制度など、自己改革に積極的に取り組んでいくつもりでおります。

司法制度改革審議会が考える二一世紀のわが国社会は、自立した個人が地域社会において統治の主体として行動するべきであるといっております。情報化社会とか、あるいは社会の国際化といったところで、あらゆる制度や法律はこの国に居住する一億二五〇〇万人の私たち生活者のために機能するものでなければ意味がありません。私たちは透明度の高い公正な社会を目指し、法の支配が社会のすみずみまで行き届くよう、積極的に活動してまいります。

昨年、日弁連は創立五〇周年を迎えました。その際に記念式典で選ばれた標語に「ひまわりはあなたのために咲いてます」というのがあります。私たちもこのひまわりを枯らさないようにがんばっていくつもりです。どうぞ、本日参加されたみなさんは、この司法制度の改革の意味を十分ご理解いただき、日弁連をご支援していただきたいと思います。

ありがとうございました。（拍手）

司会　本当にみなさん、長時間どうもありがとうございました。

田原総一朗

1934年　滋賀県生まれ
岩波映画製作所、テレビ東京を経て、77年フリーに。
現在は政治・経済・メディア・コンピューター等時代の
最先端の問題をとらえ、精力的な評論活動を続けている。
98年　ギャラクシー35周年記念賞（城戸賞）。
著書に、『原子力戦争』、『業際の時代』、『マイコン・ウォーズ』、
『日本の官僚』等多数。映画「あらかじめ失われた恋人たちよ」(72年)監督。

保岡興治

1939年　鹿児島県生まれ
67年　判事補任官
72年　衆議院議員に初当選
78年　国土政務次官　　80年　大蔵政務次官
87年　自民党副幹事長　　89年　自民党行政改革本部企画委員長
98年　衆議院金融安定化に関する特別委員会・筆頭理事
現　職　司法制度調査会会長　金融システム安定化対策小委員会委員長等

江田五月

1941年　岡山県生まれ
68年　判事補任官
77年　弁護士登録　参議院議員に初当選
83年　衆議院議員初当選
85年　社会民主連合代表　　93年　科学技術庁長官
96年　岡山県知事選立候補　　98年　参議院議員
現　職　弁護士　日本鳥類保護連盟理事　科学技術庁特別顧問等

宮内義彦

1935年　兵庫県生まれ
60年　日綿實業株式会社（現・ニチメン〈株〉）入社
64年　オリエント・リース株式会社（現・オリックス〈株〉）入社
80年　オリックス(株)代表取締役社長
94年　(社)経済同友会副代表幹事　藍綬褒賞受賞
98年　(社)経済団体連合会常任理事
99年　内閣行政改革推進本部規制改革委員会委員長

笹森　清

1940年　東京都生まれ
　60年　東京電力株式会社入社
　86年　東京電力労働組合本部書記長
　91年　東京電力労働組合本部委員長
　93年　全国電力関連産業労働組合総連合会長　日本労働組合総連合会副会長
　97年　日本労働組合総連合会事務局長
現　職　雇用審議会、税制調査会、郵政審議会等の各委員

清水鳩子

1924年　福井県生まれ
　48年　主婦連合会創設者奥むめお先生の下で消費者運動に加わり、
　　　　以来主婦連合会事務局長等を経て、現在副会長(前会長)。
現　職　産業構造審議会、中央薬事審議会等の各委員
　　　　(93年に、法曹養成制度等改革協議会委員を経験)

浅見宣義

1959年　滋賀県生まれ
　88年　判事補任官
　98年　宮崎地家裁判事
　99年　預金保険機構出向
著書等　『静かな正義の克服をめざして　その1からその5まで』、
　　　　『司法における規制緩和とは』、『司法のすそ野を広げよう』、
　　　　『裁判官に職員の勤務評定権を—現実的で建設的な司法政策論争のために』等。

斎藤　浩

1945年　岡山県生まれ
　　　　公務員を経て、75年に弁護士登録。
　　　　大阪弁護士会会員　日弁連司法改革実現本部事務局次長
　　　　ダイオキシンリスク訴訟弁護団団長
　　　　季刊誌『おおさかの街』主筆(演劇・映画・文芸担当)

用語解説

【ADR】（Alternative Dispute Resolution）
裁判所での訴訟や調停手続が裁判による紛争処理であるのに対し、弁護士会の仲裁・斡旋センターなど裁判外で紛争を解決処理を目指すシステムをさす。

【行政事件訴訟】
国や自治体など行政を相手方とする裁判。たとえば、①道路災害事故や公務員の職権濫用を理由とする国家賠償訴訟、②運転免許証の取消、原子力発電所の設置許可などの行政処分の取消しや無効確認を求める裁判がある。現在の行政事件での原告（国民）の勝訴率は一〇％前後と低い。このため、行政事件訴訟は活発でない。原因として、行政事件訴訟法自体の問題のほか官僚的裁判官システムによる裁判官の人権意識の低さがあげられている。

【合議制の裁判】
一人の裁判官で裁判することを単独制、複数の裁判官でする裁判を合議制という。最高裁判所、高等裁判所、および地方裁判所の重要事件を審理する場合などにこの形をとる。

【公設法律事務所】
アメリカでは、刑事事件を担当するものとして連邦、州などに弁護士が雇用されている。その弁護士を公設弁護人という。経済的に貧困なため弁護士を依頼することができない人々のために活動している。日本でも、日弁連を中心に弁護士偏在解消のために、過疎地に事務所をつくることが進められている。四月から長崎県対馬に開設される。刑事事件だけでなく民事事件などの一般の法律相談業務も行う。

【公費による被疑者弁護制度】
現在は、起訴された刑事被告人については、国選弁護人制度が存在しているが、逮捕後起訴前の被疑者の段階では、誤った自白により被疑者の人権が侵害されるなどの危険が多いにもかかわらず、国費による弁護人制度が設けられていない。そのため（財）法律扶助協会が刑事被疑者弁護援助制度を設けて無資力の被疑者への援助を行っている。また、逮捕直後については、被疑者からの要請があれば、弁護士会が、当番弁護士を派遣して被疑者の弁護活動を無料で行っている。

【司法】
国の三権（立法・行政・司法）の一つで法規を適用して具体的な争いを解決することを目的とする。司法権の行使は、裁判官が担当し、その組織として最高裁判所を頂点に、高等裁判所、地方裁判所、簡易裁判所、家庭裁判所が設置されている。

【司法研修所】
司法試験合格後の司法修習生を対象として研修を行う機関。司法修習生は一年半の修習終了後卒業試験を経て志望により法曹資格（裁判官、検事、弁護士）を取得する。

【司法試験】
法曹（裁判官、検察官、弁護士）になるための資格試験。本来は、資格試験であるが、最近まで司法研修所の受入れ体制の都合で合格者数が五〇〇人前後としぼられていたため、合格率三％前後、合格者の平均年齢が二七歳前後と現代の科挙といわれるほどむずかしい試験になっている。大学在学中の合格は難しく、ほとんどの合格者が受験予備校に通い、大学の法学教育を軽視する傾向など弊害が目立ってきているため、受験科目や若年層優遇制度など幾度か改革がなされているが、なお抜本的改革が必要とされている。合格後、司法研修所での一年半の研修を修了すると法曹資格が与えられる。

【司法制度改革審議会】
司法制度改革審議会設置法（一九九九年七月二七日施行）で、「二一世紀の我が国社会において司法が果たすべき役割を明らかにし、国民がより利用しやすい司法制度の実現、国民の司法制度への関与、法曹の在り方とその機能の充実強化その他の司法制度の改革と基盤の整備に関し必要な基本的施策について調査審議する」（司法二条）ため、内閣に設置され、二年間で審議を終え、内閣に意見を述べることになっている。

司法制度改革審議会は、一三名の委員で構成されている。委員は、次ぎのとおり（五十音順、敬称略）。石井宏治〈株〉石井鐵工所代表取締役社長）、井上正仁（東京大学法学部教授）、北村敬子（中央大学商学部教授）、佐藤幸治（会長・京都大学法学部教授）、曽野綾子（作家）、髙木剛（日本労働組合総連合会副会長）、竹下守夫（会長代理・一橋大学名誉教授）、鳥居泰彦（慶應義塾長）、中坊公平（前〈株〉整理回収機構代表取締役社長）、藤田耕三（弁護士、元広島高等裁判所長官）、水原敏博（弁護士、元名古屋高等検察庁検事長）、山本勝（東京電力〈株〉取締役副社長）、吉岡初子（主婦連合会事務局長）。

なお、衆議院及び参議院の各法務委員会で、司法制度改革審議会設置に関して附帯決議がなされている。衆議院では、「法曹一元、法曹の質及び量の拡充、国民の司法参加、人権と刑事司法の関係など重要な問題について、十分な論議すること」等の附帯決議がなされている。参議院ではさらに充実した附帯決議がされている。

【司法の危機】
一九六五年以降、下級裁判所の労働事件の裁判で違憲判決が相次いで出されたことに端を発して、右翼ジャーナリズムが「偏向判決」キャンペーンを展開。とくに民主的な法律家の団体である「青法協」に加入している裁判官に対する執拗な批判が繰り返された。これに呼応するかのように自民党は、司法問題についての意見をいうために司法制度調査会を設置。これに対して、最高裁は裁判の独立を厳守することを表明。しかし、最高裁もこの直後に起きた平賀書簡問題を契機に、青法協加入裁判官に対する脱退勧告など裁判官に対する統制を強めた。そして新任判事補採用拒否、宮本判事補再任拒否などへと発展する。この一連の動きを司法の危機という。

【自民党司法制度調査会】

司法制度問題について政治の立場から独自に議論する目的で、自由民主党内につくられた委員会。委員長は保岡興治氏。「国民の訴訟解決を支援する小委員会」（杉浦正健）「法曹一元、陪審・参審制度等、国民の司法参加に関する小委員会」（谷垣禎一。後に杉浦正健）「知的財産権の法的保護、特許裁判にあり方に関する小委員会」（甘利明）「法曹養成・法学教育および資格試験のあり方に関する小委員会」（太田誠一）「裁判の迅速化と裁判のあり方に関する小委員会」（与謝野馨）の五つの小委員会がある。

【日本裁判官ネットワーク】

一九九九年九月、「開かれた司法の推進と司法機能の充実強化に寄与する」ことを目的に現役の裁判官により結成された裁判官のグループ。とかく顔が見えないといわれる裁判官が積極的に外部に向けて発言している。現在、求められている司法改革についても研究、提言を行っている。

【陪審制・参審制】

陪審とは、裁判手続のうち事実の認定に法律の素人である一般市民を関与させる制度。有罪・無罪の判断をする刑事事件の陪審と民事事件の陪審がある。参審とは、裁判において職業裁判官のほか、一般人から選ばれた参審員が合議体を構成して裁判をする制度。

【PL訴訟】

製造物責任（PL：Product Liability）法（一九九五年施行）に基づいて、製造物の欠陥により生じた被害につきメーカーの損害賠償責任を求める訴訟。

【弁護士の任官制度】

日本では現在、司法修習を終えた者から任期一〇年の判事補が任命され、裁判官は、そのなかから採用されている。一九九一年、最高裁と日弁連との合意により弁護士から裁判官を登用する制度ができた。これが、現在の弁護士任官制度である。毎年六人程度が弁護士から任官し、現在までに三四名が任官している。この制度を拡大すれば法曹一元が実現できるのではないかという考え方があるが、制度目的は異なるので、直接法曹一元には結びつかない。また、この制度には多くの問題点もあるので、抜本的改革が必要とされている。

【法曹一元】

主として裁判官と弁護士について、それぞれの職務内容を除き、法曹を弁護士に単一化（一元化）する制度をいう。法曹としての資格要件を統一した上で、任用資格を弁護士となる資格を有する者で裁判官以外の法律職務に相当期間従事した者（主として弁護士）とし、指名候補の推薦に民意を反映させるなど同過程における裁判所の裁量的判断を排除し、昇任制の廃止など裁判官の人事制度を非官僚的なものにする等の諸種の仕組みをもって裁判官の意識やその行動に官僚的要素が生ずることを制度的に防ごうとするものである。

【法律扶助】

経済的な資力が乏しいために裁判などの法的救済を受けることが困難な人に裁判費用を援助する制度。日本では、昭和二七（一九五二）年、財団法人法律扶助協会が、日本弁護士連合会により設立され法律扶助を運営している。昭和三二（一九五七）年には、国が補助金を支出し、その後増加し、現在は、約六億円余りの補助金が支出されている。しかしながら国庫補助金は、英国（約一六〇〇億円）、アメリカ（約四六〇億円）、ドイツ（約三六〇億円）、フランス（約一八〇億円）など諸外国と比べて極めて貧弱であり、また償還制をとり、対象者も二割層と限定されているなどの問題も指摘されている。やっとわが国でも今年の通常国会に「民事法律扶助法案」が提出され、一〇月一日から新法の下で予算規模も約二二億円と大幅に増額される見込みとなっている。

【法曹養成制度等改革協議会】（改革協）

一九九三年三月に法曹三者の協議に基づいて設立された。協議事項は、「司法試験制度と法曹養成制度の国民的見地に立った抜本的改革及びこれに関連する事項」。協議委員の構成は、法曹三者、大学関係者および学識経験者。約四年に及ぶ議論ののち、一九九七年一一月最終意見書がまとまった。内容は、法曹人口の増加の必要性とそのために司法試験合格者の増加措置をとることでは合意したが、合格者の具体的な増員数およびこれに伴う司法修習制度の具体的改革案に関して、意見の一致をみなかった。そして、合格者一五〇〇名、修習期間大幅短縮が多数意見となった。

【臨司】（臨時司法制度調査会）

昭和三七年（一九六二年）、二年を限って内閣に設定された司法制度の運営につき緊急に必要な基本的総合的な調査検討をした審議会。この審議会では、法曹養成、司法行政、裁判官、検察官、弁護士制度の改革のほか、法曹一元が大きな検討テーマとなり、結論としては、法曹一元は「わが国においても一つの望ましいテーマである。しかし、この制度が実現化されるための基盤となる諸条件は、いまだ整備されていない。」とした。

【ロースクール】（Law School）

アメリカやカナダで定着している法律家養成の専門教育システム。わが国でも各大学をや弁護士から法科大学院構想としてその導入が検討され、日弁連でも本格検討が始まっている。導入に当たっては、大学法学部との関係、司法試験制度、司法研修所の位置付けなど検討すべき課題は多い。

このブックレットは、本書の編者である4弁護士会の主催で、2000年 2 月18日、よみうりホール（東京）で行われた「司法改革・東京ミーティング」のパネルディスカッションの録音を反訳し、加筆・訂正のうえ再現したものである。
なお、「司法改革・東京ミーティング」を、東京都、（社）経済団体連合会、（社）経済同友会、東京商工会議所、日本労働組合総連合会、全国消費者団体連絡会、主婦連合会、（社）東京青年会議所、フォーラム・市民の司法21が後援した。

裁判が変わる　日本が変わる
わが国司法改革のゆくえ

2000年3月30日　第1版　第1刷発行

編　者｜日本弁護士連合会
東京弁護士会
第一東京弁護士会
第二東京弁護士会
監　修｜日本弁護士連合会事務総長　寺井一弘
発行人｜成澤壽信
発行所｜(株)現代人文社
〒160-0016東京都新宿区信濃町20　佐藤ビル201
TEL:03-5379-0307　FAX:03-5379-5388
E-mail:genjin@gendaijinbun-sha.com(代表)
hanbai@gendaijinbun-sha.com(販売)

郵便振替:00130-3-52366

発売元｜(株)大学図書
装　丁｜清水良洋
印　刷｜(株) ミツワ

ISBN4-87798-016-4 C3032